LA PANDEMIA LINGÜÍSTICA DE LA OCLOCRACIA

ExLibric

VICENTE ÁLVAREZ ÁLVAREZ

LA PANDEMIA LINGÜÍSTICA DE LA OCLOCRACIA

EXLIBRIC

ANTEQUERA 2025

LA PANDEMIA LINGÜÍSTICA DE LA OCLOCRACIA
© Vicente Álvarez Álvarez
© de la imagen de cubiertas:
Diseño de portada: Dpto. de Diseño Gráfico Exlibric

Iª edición

© ExLibric, 2025.

Editado por: ExLibric
c/ Cueva de Viera, 2, Local 3
Centro Negocios CADI
29200 Antequera (Málaga)
Teléfono: 952 70 60 04
Fax: 952 84 55 03
Correo electrónico: exlibric@exlibric.com
Internet: www.exlibric.com

ISBN: 979-13-87944-81-0
Depósito Legal: MA 1654-2025

Impresión: PODiPrint
Impreso en Andalucía – España

Nota de la editorial: ExLibric pertenece a Innovación y Cualificación S. L.

VICENTE ÁLVAREZ ÁLVAREZ

LA PANDEMIA LINGÜÍSTICA DE LA OCLOCRACIA

Índice

A todos los hispanohablantes del mundo

PRÓLOGO

El gran y polifacético Hernán Pérez de Oliva (1.494-1.531), filósofo, ingeniero, arquitecto, teólogo, geómetra, cosmógrafo, físico, aritmético, y rector de la Universidad de Salamanca; el creador de los famosísimos emblemas del claustro de la Universidad de Salamanca; el que (con muchos siglos de anticipación) tuvo la primera idea de la telegrafía electromagnética (según contó su sobrino Ambrosio de Morales); y el primer europeo que escribió **en lengua vulgar** sobre la Invención de las Indias; fue el primero que anticipó un hecho económico nuevo, nada menos que la primera globalización económica, una descomunal revolución comercial, que anticipó prematuramente, y entendió perfectamente, pues interpretó que haría **más fácil la vida de los hombres;** la revolución que, según él, podía suponer el descubrimiento de América para el comercio, y, por tanto, para la economía.

Como extensión de este planteamiento, propuso que el Guadalquivir también se hiciese navegable desde Sevilla hasta Córdoba, su ciudad natal. A tal efecto, 34 años después del descubrimiento de América, y 3 años después de que Juan Sebastián Elcano realizara la primera vuelta al mundo, Pérez de Oliva escribió su obra *Razonamiento sobre la navegación del río Guadalquivir.* Al leerlo, me extrañó sobremanera que llamase **conversación** al **comercio,** y **comunicación** al **intercambio de bienes;** esto me llevó a descubrir que eso es lo que significaban esas palabras en latín; y que solo después, comunicación pasó a significar **intercambio de palabras,** en vez de **intercambio de objetos.** He aquí sus palabras (las negritas son mías): *«Los ríos, señores, son caminos y salidas que la natura hizo al mar. Así que si la utilidad del mar considecráis, entenderéis la de los ríos, que es la misma con menos ocupar las tierras y dexar mayores anchuras descubiertas para la labor de los campos.* **El mar,** *pues, también como las otras cosas, hizo Dios* **para el servicio de los hombres;** *no para cumplimiento de bienes, sino* **por necesidad de la vida,** *que* **sin él en todas partes fuera rústica y desproveída,** *porque no ay cosa que más haga los hombres valer que poderse fácilmente* **pasar a aquellos lugares a do** *algún provecho pueden rescebir,* **lo cual por beneficio de los mares se alcança,** *que nos da fácil camino a doquiera que pasar queremos.* **De aquí viene que los bienes de los hombres se comuniquen y repartan; de aquí nace que las disciplinas se publiquen; de aquí procede que las industrias halladas en diversas naciones para hacer más fácil la vida de los hombres se ayunten todas en una región».**

De todos los **bienes de los hombres,** el más importante es, sin duda, **la palabra;** por eso no es de extrañar que la palabra comunicación terminara refiriéndose exclusivamente al intercambio de palabras. La cuestión es que, al cabo de los siglos:

— **La conversación, el comercio (nuestro intercambio de bienes)** se ha hecho **(afortunadamente)** cada vez más eficiente y más eficaz, mientras que

— en los tiempos recientes, **la comunicación (nuestro intercambio de palabras)** se ha hecho **(afortunadamente)** cada vez **más eficaz** (vía Redes sociales) pero **(desafortunadamente)** cada vez **menos eficiente** (vía el pisoteo constante de la lengua).

Se preguntará el lector que cómo se ha producido este último hecho. Veamos. Ha pasado mucho tiempo desde que Fernando Lázaro Carreter escribió sus obras *El dardo en la palabra* y el *Nuevo dardo en la palabra,* y se sigue **pisoteando la lengua española** (supongo que algo similar sucederá en las demás lenguas españolas) con:

— la misma **facilidad** que antes, pero con:
— mayor **frecuencia,**
— mayor **eficacia** (por el impacto de las Redes sociales),
— mayor **cretinismo** (por parte de quienes la pisotean), y
— mayor **indiferencia** (por parte de quienes la usan).
— Esta **enfermedad** ha pasado por diversas fases:
— **Infección** (algo inevitable, dada la milenaria ignorancia de la gente),
— **Epidemia** (enfermedad propagada entre el común de los hablantes), y
— **Pandemia** [enfermedad actualmente extendida a todos los ámbitos lingüísticos (común, científico, técnico, y artístico), interesadamente deseada, y fervorosamente alentada].

Obviamente, ante esta pandemia lingüística de creciente vigencia, han surgido algunos **virólogos lingüísticos** que tratan **(inútilmente)** de hacerle frente. En esta **guerra** entre los defensores y los pisoteadores de la lengua, la van ganando los últimos, **por aplastamiento.** La razón es doble:

— por un lado, **la descomunal desproporción de fuerzas** entre el ejército defensor y el ejército invasor (porque se trata de eso, de una invasión en toda regla); y

– por otro lado, algo mucho peor, **la absoluta indiferencia de los usuarios (y sufridores de la enfermedad)** de nuestra lengua.

Un hecho muy curioso, repetido desde hace muchos años, es que, cuando alguna *rara avis* se atreve a enfrentarse a los pisoteadores lingüísticos, estos se revuelven, enfurecidos, acusándoles de **puristas** (adjetivo que consideraran algo así como un lingüístico pecado nefando); y, en casos extremos (he presenciado alguno), de **fascista lingüístico** (por oponerse a lo que los pisoteadores nominan, incorrectamente, progreso lingüístico).

Los perversos pisoteadores ignoran que los defensores de la lengua no solo no somos puristas, sino que estamos muy contentos con que **el idioma español** sea **la lengua más impura de Europa, y del mundo:** de ahí nuestra incomparable riqueza. Ninguna lengua del mundo tiene tantas palabras de origen árabe y americano. Veamos algunos ejemplos:

– Palabras de origen **árabe** (unas 5.000: 8 siglos de convivencia, belicosa o pacífica, dieron para mucho intercambio de muertes, de bienes, y de palabras): si queremos regar una huerta utilizamos una **acequia**; si queremos comer vamos a la **alhacena** a coger algunos objetos pertinentes; si por la tarde vamos a un estadio deportivo a animar a nuestro equipo favorito y gritamos **¡alabín alabán alabín bon ban!** estamos utilizando una expresión árabe que significa literalmente, "vamos jugadores, el juego va bien"; y si, por la noche, nos metemos en la cama, apoyamos la cabeza en una **almohada** (dejemos para otra ocasión lo de las "h" que aparecen en muchas palabras de origen árabe).

En cuanto a las palabras de origen **americano,** las hay de diversas lenguas.

– Palabras de origen **taino** (la primera lengua americana que conocieron los españoles): una mujer puede ponerse una **enagua** debajo de la falda, montarse en una **canoa,** evitar caerse al río porque hay **caimanes,** soportar un **huracán,** descansar en una **hamaca,** o encontrarse con el **cacique** de su pueblo.

– Palabras de origen **náhuatl:** una persona puede comer un **cacahuete,** hacer una ensalada con **tomate,** tomarse una taza de **chocolate** o una copa de **tequila** que lleva en una **petaca,** o dormir sobre un **petate.**

– Palabras de origen **maya:** una persona puede comer un **cachito** de queso, o masticar un **chicle** mientras fuma un **cigarro** con un amigo muy **campechano,** que tiene un **chamaco** de 10 años; o coger agua de un **cenote.**

– Palabras de origen **quechua**: una persona puede abandonar su **chacra,** tomando **mate,** para ir a comprar **caucho,** y, después, dirigirse a una **cancha** cubierta con una **carpa,** a presenciar un evento deportivo.

– Palabras de origen **aimara**: un varón puede vestirse en verano con un traje de **alpaca.**

– Palabras de origen **guaraní**: una persona puede disfrutar contemplando el vuelo de un **ñandú,** o como se enrolla un **tatú,** mientras bebe un vaso de **guaraná,** así como evita bañarse en un río en el que hay **yacarés,**

– Palabras de origen **tupí**: una persona puede comerse una sopa de **tapioca,** contemplar el vuelo de un **tucán,** evitar el contacto en tierra con **jaguares** y **tapires,** o bañarse en un río en el que hay **pirañas.**

En resumidas cuentas, a las personas que les importa un pimiento la lengua que hablan y escriben, hay que decirles que (como luego demostraré)

– **LA PUREZA LINGÜÍSTICA ES UNA BOBADA.**
– **LA (VOLUNTARIA) INCORRECCIÓN LINGÜÍSTICA:**

• **FUNCIONALMENTE ES UNA ESTUPIDEZ,**
• **ECONÓMICAMENTE ES UN SUICIDIO, Y**
• **ÉTICAMENTE ES UNA CANALLADA.**

Hay un hecho que no debe **despistarnos,** ni **relajarnos,** en la lucha contra la pandemia lingüística, por aquello de que **las apariencias engañan.** Tengo en casa dos viejos libros que **pretendieron** evitar el constante pisoteo de nuestra lengua: la 9ª edición, octubre de 1.993, de *EL PAÍS. Libro de estilo;* y la 6ª edición, noviembre de 1.993, de *Libro de estilo de ABC.* Pero no se hagan ilusiones; al principio parecía que servía para algo, pero hace muchos años que, en ambos periódicos, y en cualquier otra publicación, se sigue pisoteando la lengua con auténtico primor.

Valga como **lema de este libro** lo que indico en mi libro *La sabiduría al desnudo. IV. Los fundamentos:*

LOS IDIOMAS SON BIENES COMUNES (no privados) DE COMUNICACIÓN (no de confusión)

PRIMERA PARTE

Efectos de la pandemia lingüística

Capítulo I

Léxico pisoteado

4. Introducción

Empezamos por el léxico porque es el más habitual de los pisoteos. Las palabras seleccionadas no responden a ningún criterio preestablecido, sino que siguen el orden en que me iba acordando o que leía u oía en algún libro o algún medio de comunicación. Lo que si he hecho es diferenciar entre el léxico común y el especial (científico, técnico, o artístico).

Antes de empezar he de hacer **dos puntualizaciones importantes,** una relativa a dos tipos de lenguaje (significativo e indicativo: a algo a lo que, más adelante, le sacaremos mucho jugo); y otra relativa al mecanismo de ampliación del léxico.

– **Dos tipos de lenguaje.**

• **Lenguaje significativo**

A estos efectos en mi libro *La sabiduría al desnudo. IV. Los fundamentos* se dice lo siguiente:

«1. El hombre, la realidad, y la mente: el concepto.

Nos encontramos aquí con el par **objetos** (elementos de la realidad) **y conceptos** (sustitutos, en la mente, de cada clase de objeto: el equivalente mental de las mismas). Metafóricamente podemos decir que **la mente** es la **fábrica cognitiva** del hombre, y **los conceptos** son los **elementos de construcción** con los que luego la mente va a **construir** sus **edificios cognitivos (proposiciones y teorías).** Veamos qué relación hay entre ellos.

En resumen:

– **Todos los conceptos** se refieren bien a **conjuntos** de objetos, bien a **propiedades** de los elementos pertenecientes a esos conjuntos. Por eso **un nombre no es un concepto:** porque no es **ni un conjunto ni una propiedad,** sino una mera **convención** que sirve para **identificar** un objeto (entre un objeto y su nombre no hay una relación **física** ni **lógica,** sino una relación **arbitraria)**

– Dado que la **conceptualización de las propiedades** de los objetos son **contextuales** (dependen de la teoría en la que aparezcan), es decir, una **misma propiedad** puede tener **diferentes conceptualizaciones en diferentes contextos** (en diferentes teorías); debemos decir que los **objetos** posen **propiedades** y las **teorías** sobre tales objetos poseen **predicados (conceptos** que representan, contextualmente, dichas propiedades).

– Al haber **dos clases de objetos,** materiales y conceptuales, las propiedades de los objetos **materiales** son obviamente **distintas de (y no intercambiables con)** las propiedades de los objetos **conceptuales;** y, en consecuencia, no se deben atribuir las propiedades de los objetos materiales a los objetos conceptuales, ni viceversa (como a veces se hace). Por ejemplo, al hierro no se le puede atribuir la propiedad de coherencia, ni a un enunciado la propiedad de dureza. Lo mismo podemos decir de los **niveles de realidad:** no se pueden atribuir propiedades biológicas a los objetos del nivel físico, por ejemplo.

– Desde el punto de vista formal, los conjuntos se definen en **la teoría de conjuntos,** y los predicados en la **lógica de predicados.**

2. Manejar y comunicar el concepto: el símbolo

Me remito a lo dicho en el tomo 3º, cuando vimos que, como ciencia **formal** que es, la **lógica** trata de objetos **abstractos,** y que para **manejar y comunicar** estos, necesitamos utilizar sus correspondientes **símbolos designativos** (sin estos poco podrá hacer la mente, por mucho que se ajuste a las reglas la lógica); y que estos, al igual que los símbolos denotativos, y los signos en general, son estudiados por la **semiótica.**

Dado que nuestro problema ahora es cómo manejar y comunicar conceptos, esto nos lleva a la distinción entre **distintos tipos de lenguajes.** El que los humanos tengamos un lenguaje que podemos **hablar y escribir,** no significa que todos los lenguajes tengan que ser hablados y escritos; hay lenguajes como **el silbo gomero** (patrimonio de la Humanidad), **el lenguaje de los sordomudos** (inventado por Fray Pedro Ponce de León en 1.550, y cuyo primer libro, *Reducción de letras y arte de enseñar á hablar á mudos,* lo publicó en Madrid, Juan Pablo Bonet en 1.620), y **los lenguajes animales,** que sirven para comunicarse, pero ninguno de ellos se pueden hablar ni escribir. Esto nos lleva a distinguir los siguientes tipos de lenguajes:

– **Lenguajes no simbólicos.**

Los lenguajes no simbólicos permiten la **comunicación** mediante **códigos naturales** (no convencionales) de diverso tipo [**visuales** (incluyen los **gestos** y las **danzas,** de todo tipo de animal, incluido el humano), **auditivos, olfativos, táctil, eléctricos, químicos, etc.**], **referidos** a cosas, estados, o acciones, **relativos** al momento presente y a las necesidades y circunstancias inmediatas del animal, que demandan una **respuesta** inmediata. Estos lenguajes son **innatos,** no aprendidos.

— **Lenguajes simbólicos.**

Los lenguajes simbólicos permiten la **comunicación** mediante **códigos culturales** (convencionales) inventados por el hombre de acuerdo con ciertas **reglas formales,** que permiten **formar, y transformar,** diferentes **enunciados significativos** que **no están referidos forzosamente** al momento presente ni a las necesidades y circunstancias inmediatas, y por tanto no demandan una **respuesta** inmediata.

Dentro de estos lenguajes hay que diferenciar dos tipos: no conceptuales y conceptuales.

• **Lenguajes simbólicos no conceptuales.**

Denotan todo tipo de objetos, hechos, estados, acciones, **pero no constructos** (conceptos, etc.). Ejemplos: el **lenguaje mímico** (*Expresión de pensamientos, sentimientos o acciones por medio de gestos o ademanes.*), **los lenguajes musicales** (que denotan sonidos).

• **Lenguajes simbólicos conceptuales.**

Además de las **funciones denotativas** de los lenguajes simbólicos no conceptuales, estos **designan constructos** de todo tipo. Ejemplo: los **idiomas humanos** (incluidos el silbo gomero, y los lenguajes de sordomudos).

3. Entender el concepto: la definición

Parafraseando a los informáticos [*si basura* (datos) *metes* (en el ordenador), *basura sale*], podemos decir que si **basura** (**conceptos ambiguos:** vagos, difusos, confusos) metes (en la mente), basura sale.

Recordábamos en el tomo 3° **la exigencia de Sócrates (el padre de la racionalidad)** de tener **definiciones claras de los conceptos,** para **saber de qué hablamos,** y el poco caso que, en muchos casos, le han hecho muchos de los amantes de la sabiduría.

En efecto, está muy bien que creemos un **símbolo designativo** para un **concepto** determinado, pero **¿de qué sirve tener un símbolo designativo de un concepto, si no está claro qué significa ese concepto?** Si tenemos un **concepto ambiguo de caballo** podemos confundir un caballo con una jirafa o con un perro: y esto puede provocar situaciones embarazosas (en algún caso, podría llegar a provocar la muerte de quien maneje ese concepto ambiguo: no es lo mismo montarse en un caballo para huir del enemigo que montarse en un perro, por muy grande que sea).

Esto nos obliga a meternos en el campo de la **semántica** (del griego *semantikós,* significativo, lo que tiene significado): la disciplina que asigna **significado** a los **conceptos** (punto que veremos en este capítulo), y **verdad** a las **proposiciones** y a las **teorías** (punto que veremos en el capítulo 3º).

> ## SEMÁNTICA:
> ### asigna SIGNIFICADOS a los CONCEPTOS, y VERDAD a las PROPOSICIONES y a las TEORÍAS

Antes de entrar en la semántica, lo primero que debemos hacer es **no confundir** la semántica con la **lexicografía,** que según la RAE es *"1. Técnica de componer léxicos o diccionarios. 2. Parte de la lingüística que se ocupa de los principios teóricos en que se basa la composición de diccionarios".*

– **Conceptos señalados.**

Dos curiosidades: ¿cuál fue el primer concepto definido? ¿cuál es la primera definición de la que tenemos constancia escrita? Siguiendo hacia atrás por esta senda de la definición, un día me pregunté: **¿qué tenía, y manejaba, el hombre antes de definir el primer concepto?** La respuesta es clara, conceptos no definidos; y **¿qué es un concepto no definido?** La respuesta vuelve a ser clara, un concepto señalado; y **¿qué es un concepto señalado?** Veamos.

Estando en una sala pública, entró una persona y preguntó: ¿quién es el dueño de un coche rojo que está mal estacionado? Una persona levantó el brazo derecho, para hacerse ver, y una vez que lo consiguió, **se señaló** (y hasta se tocó el pecho un par de veces) **con el dedo índice** (por el gesto que hizo con la boca, supuse que era mudo, o que, por alguna razón, no podía hablar); quien había preguntado, le dijo, venga, por favor, porque su coche impide pasar a un camión; se levantó, y colorín colorado este cuento se ha acabado. Entendí (y creo que todos los presentes) que, con el gesto de señalarse con el dedo índice, aquella persona había dicho: **soy** (el **señalarse:** una **acción,** es decir, un **verbo**) **yo** (el **cuerpo señalado**). Esta acción de señalarse (o señalar a otra persona, o a otro objeto cualquiera) con el dedo índice, la realizan todas las personas del mundo, desde **la niñez (cuando no se sabe hablar):** supongo que debe de ser algo inscrito en nuestros genes. Sigamos.

Desde milenios el hombre, como animal que es, tenía en su mente, miles de perceptos, y fictos, y, con el tiempo, muchos **conceptos.** Todos los hombres que habían visto tigres, tenían muchos **perceptos de tigres,** y, llegado un momento, tuvieron también el **concepto de tigre.**

Antes de inventar el lenguaje, cuando uno de aquellos gloriosos antepasados africanos viese un tigre (por ejemplo), seguro que **lo señalaba con el dedo índice** (para avisar a sus congéneres): y a correr como dios manda».

Un inciso; ahora mismo te estaba acorando de que este hecho ya lo señaló Gabriel García Márquez en su inolvidable novela *CIEN AÑOS DE SOLEDAD: «El mundo era tan reciente que muchas cosas carecían de nombre, y para mencionarlas había que señalarlas con el dedo».*

«Conceptos definidos.

Prosigamos nuestra historia. Es evidente que **los conceptos señalados** son **menos eficientes** que los conceptos definidos; En algunos casos, **la ambigüedad** *(Que puede entenderse de varios modos o admitir distintas interpretaciones y dar, por consiguiente, motivo a dudas, incertidumbre o confusión),* **de los conceptos señalados,** hizo que el hombre sintiese **la necesidad** de operar con **conceptos más eficientes** (que reflejen la esencia del objeto): con **conceptos definidos.**

Nuestro problema es que necesitamos **definir eficientemente los conceptos;** y lo necesitamos, precisamente, para **evitar** que la mente (al desarrollar su segunda función) se vea obligada a operar con **conceptos ambiguos,** o, dicho con más claridad, con **conceptos-basura.** Y esto no es una cuestión retórica, pues, por increíble que parezca, **la razón básica** por la que el mundo es un desastre (desde que el mundo es mundo) no es otro que el hecho de que la Humanidad **lleva milenios utilizando muchos conceptos-basura** [sin duda, el más importante de todos es **el (utilizado) concepto-basura** de **libertad**].

La semántica lógica no trata, pues, de sistemas concretos, sino de **sistemas conceptuales** (los constructos manejados en el sistema semiótico: conceptos, proposiciones, etc.), Al ocuparse de objetos conceptuales la semántica lógica estudia los **constructos,** las **relaciones entre ellos,** y las **relaciones con los objetos materiales** que los originan. Dice Gracián en *Agudeza y arte* *de ingenio: "De suerte que se puede **definir un concepto**: es un **acto del entendimiento** que **exprime** [expresa] la **correspondencia** que se halla **entre los objetos"**.*

- **¿Cómo se formula una definición?**

Metafóricamente se puede decir que para elaborar la **definición** de un concepto [del latín, *definitio,* acción y efecto de definir; y este de *definīre,* delimitar, fijar los límites de algo] se necesita **poner luz sobre él,** para **verlo claro,** para **mostrarlo con claridad;** es decir, **dilucidarlo, elucidarlo;** y ¿qué significa verlo claro? Pues **delimitar su contenido,** Y ¿qué elementos se utilizan para verlo claro? **Otros conceptos ya definidos** (esto es importante). Expresado matemáticamente, podemos decir:

$$\text{CONCEPTO Y} =_{\text{DEF}} \text{f (CONCEPTOS X1, X2, ... Xn)}$$

Al **concepto definido (y)** se lo llama *definiendum;* y a la **expresión (f) definidora,** formada con los **conceptos** $(x_1, x_2, ... x_n)$ **definidores** se la llama *definiens* (y puede incluir todo tipo de constructos: palabras, números, fórmulas, etc.), y se dice:

$$\textbf{DEFINIENDUM} =_{\text{DEF}} \textbf{DEFINIENS}$$

que se lee: el *definiendum* **es** igual por definición al *definens.*

Hemos dicho que la definición se hace apelando a otros conceptos **ya definidos.** Pues bien, **al definir el primer concepto,** por ejemplo el concepto de tigre, obviamente, el hombre no pudo apelar a otros **conceptos definidos,** ya que no los había, razón por la cual no le quedó más remedio que apelar a **conceptos señalados** (con el dedo índice o con el verbo ser).

- **¿Qué es una definición?**

Ya sabemos **cómo** se formula una definición; pero ¿**qué** es una definición? La definición es una **identidad** (establecida **por convención**) entre el **concepto a definir** *(definicendum)* y la **expresión definidora** *(definiens),* formada con los **conceptos definidores,** que **nos** permite **entender** un concepto, y **distinguirlo** de los demás. Es importante percatarse de que al **definir** lo único que se hace es **mostrar** esa **identidad** (en el apartado 11, volveremos sobre este punto). En el apartado 6 **ampliaremos** esta definición del concepto de definición, y en el capítulo 3º volveremos para tratar de una **propiedad** de las definiciones.

- **Contexto cognitivos de definición.**

Una vez que el hombre contó con muchos **conceptos en su mente,** empezó a sentir **la necesidad de definirlos:** para **perder ambigüedad,** y **ganar exactitud.** Cuando este momento llegó, el hombre ya tenía muchos **conocimientos,** pero **oscuros.** Estos conocimientos se refieren a **distintos campos, o ámbitos, cognitivos,** que aunque, al principio eran **oscuros,** poco a poco se fueron haciendo más **claros** [recuérdese los **tipos de problemas y soluciones** (sapiencial, científico, técnico, artístico, y ético), y los **niveles de realidad** (físico, químico, biológico, social, y artificial), cada uno de los cuales se divide así mismo en **varios subniveles**]. Pues bien, dentro de cada uno de estos **ámbitos cognitivos** el hombre fue elaborando **distintas proposiciones,** que agrupadas, formaron **distintas teorías,** que determinaron **distintos contextos cognitivos de definición.**

Dentro de cada contexto cognitivo, hay que diferenciar dos tipos de conceptos: primarios y secundarios.

1. Contenido de la definición: el significado del concepto.

En el apartado 3 hemos dicho que la primera función de la **semántica** es **asignar significado a los conceptos,** mediante **la definición;** y que la definición es una **identidad** (establecida **por convención**) entre el **concepto a definir** *(definicendum)* y la **expresión definidora** *(definiens),* formada con los **conceptos definidores,** que **nos** permite **entender** un concepto, y **distinguirlo** de los demás.

Falta enlazar ambas afirmaciones, y ampliar nuestra definición del concepto de definición, añadiendo ahora que entender un concepto y distinguirlo de los demás, **se consigue,** precisamente, al **fijar y expone**r (con profundidad, rigor y claridad) el **significado** del mismo.

Cabe ahora preguntarse: **¿qué es el significado de un concepto?** Veamos. Para mejor entender el significado de la palabra significado, es importante **distinguir** entre la función de los símbolos y la función de los conceptos definidos.

Pues bien, **asignar un significado** a un concepto se hace asignándole un referente y un sentido; es decir, indicando **de qué** hablamos, **de qué** tratamos, **a qué** nos referimos **(referente);** y **qué** hablamos, **qué** decimos, **en qué sentido** hablamos del referente **(sentido).** En una teoría acerca de la velocidad del guepardo, el referente es el **guepardo,** y el sentido es la **velocidad.** Dos teorías pueden **compartir referente pero no sentido:** la teoría acerca de la velocidad del guepardo frente a la teoría de la tasa reproductora del guepardo; y pueden **compartir sentido pero no referente:** la teoría acerca de la velocidad del guepardo y la teoría acerca de la velocidad de la tortuga.

Desde el primer tomo de este libro hemos venido diciendo que la **confusión conceptual,** o, peor aún, la **repugnante indiferencia** por el **significado** de las palabras, ha provocado más muertes que cualquier arma.

Sabemos que

EL HOMBRE ES EL ANIMAL QUE USA LA PALABRA
(Aristóteles)

y que

HOMBRE RACIONAL ES EL QUE USA BIEN LA PALABRA

pero resulta que

USAR BIEN LA PALABRA EXIGE RESPETAR SU SIGNIFICADO
(no decir sardina para referirnos a un caimán, por ejemplo)

Por esto considero que

EL PECADO BÁSICO DEL HOMBRE
(el que más muertes ha provocado a la Humanidad)
ES EL PECADO SEMÁNTICO DEL HOMBRE
(no respetar el significado de las palabras)»

- **Lenguaje indicativo.**

Indicativo es lo que *«Que indica o sirve para indicar»;* e indicar es *«Mostrar o significar algo con indicios y señales».* Todas las lenguas usan el lenguaje indicativo con profusión; y, aunque en general, esto no plantea problemas; en otros casos si los plantea. Podemos resumir esta situación diciendo que

> **ES PREFERIBLE UN LENGUAJE SIGNIFICATIVO QUE UN LENGUAJE INDICATIVO**

Veámoslo con cinco ejemplos.

- **Primer ejemplo de lenguaje indicativo.**

Cuando los romanos inauguraban una ciudad, o un campamento militar, el augur de turno miraba, "contemplaba" un espacio delimitado del cielo, llamado "templum", del indoeuropeo "tem", cortar; lo hacía para ver señales divinas; y si consideraba que el orden sagrado observado en el "templum" era propicio, favorable, creían que ese orden sagrado que había observado en el "templum celestial" también se cumpliría en la ciudad que inauguraban, que de esta forma se convertía en un "templum terrenal", en un lugar sagrado en la tierra; en ese templum terrenal levantaban los romanos los edificios de culto de los dioses; y el más importante de ellos es la "aede", que es lo que, con el tiempo, terminó por llamarse "templo", precisamente porque el "aede" estaba en el "templum terrenal". El paso siguiente era la delimitación del espacio urbanístico; para ello se habría una fosa "circular", llamada "mundus", de donde viene la palabra mundo; se metían en ella las ofrendas y tierra traída de los lugares de procedencia de los fundadores; esta fosa se cerraba con una piedra "cuadrada", que servía de altar, y sobre la que se encendía el "focus", el fuego; y si era un lugar habilitado para los militares, entonces en torno al mundus se ponían los estandartes militares. Para delimitar el perímetro de la colonia se utilizaba una arado de bronce, tirado por una yunta de reses blancas, un toro y una vaca; a ser posible que nunca hubiesen llevado yunta; esta la conducía un "sacerdos", derivado de "sacer", sagrado; de donde viene nuestro sacerdote. Por último, para instaurar en el templum terrenal el orden astral del templum celestial, el agrimensor romano cogía su aparato de medición, el groma, y trazaba en el mundus dos líneas perpendiculares; con el groma, mirando al este se obtenía el "decumānus", que iba de este a oeste; y la línea proporcional determinaba el "cardus", que iba de norte a sur; palabras que obviamente, hay que explicar. En los puntos extremos del cardus y del decumānus, se erigían las puertas correspondientes: la puerta norte, la puerta sur, la puerta este y la puerta oeste. En este caso los nombres de las puertas son frutos del uso de un lenguaje significativo: la puerta norte se llamaba así porque estaba en el extremo norte del cardus, etc.. Imaginemos ahora que, porque antiguamente allí se vendían membrillos, la "puerta norte" fuese conocida como la "puerta membrillo"; en este caso estaríamos haciendo un uso inofensivo lenguaje indicativo: el nombre indica algo que antiguamente se hacía en ella. En este caso este lenguaje no plantea problemas, si un turista llega a la ciudad y pregunta dónde está la puerta membrillo, le dirán, siga recto por ahí y al final la encontrará. Pero en otros casos el lenguaje puede plantear problemas. Imaginemos (aunque lo que voy a contar es un caso real) que, en la Edad Media, los forasteros que "venían" del sur, siempre entraban en la ciudad (por razones orográficas, por ejemplo) por la "puerta oeste". Por esta razón, con el paso del tiempo, los lugareños empezaron a llamar "puerta sur" a la puerta oeste. Ahora nos encontramos con un uso conflictivo del lenguaje indicativo. En efecto, en mi novela *A CERO METROS. UNA TRAGEDIA POR CARIÑO PREPARADA,* menciono el caso de que una pareja de enamorados que quedan para verse en la puerta "sur"; uno de ellos mira al Sol, y comprueba donde está el "sur", y de acuerdo con el lenguaje significativo, se va a la puerta que está en el extremo inferior del cardus; mientras que el otro enamorado, en vez de mirar al Sol, pregunta a un lugareño dónde está la puerta "sur", y este, olvidándose de que las palaras significan, usando un lenguaje indicativo, le dirá donde está la "llamada" puerta sur (que no está en el sur); obviamente, ambos enamorados se cansaron inútilmente de esperar, quedando profundamente decepcionados, aunque ninguno de ellos supo que no se encontraron porque utilizaron lenguajes distintos.

- **Segundo ejemplo de lenguaje indicativo.**

Las iglesias se construyen con la cabecera orientada al este. Por razones que no vienen al caso, dentro de la iglesia, si miramos a la cabecera, el lienzo de la izquierda se llama lado del Evangelio, y el de la derecha, lado de la Epístola. De esta manera, decir lado del Evangelio y lado norte son dos expresiones equivalentes, lo mismo que decir lado sur y lado de la Epístola. Esto sucede en la casi totalidad de los casos, pero hay excepciones, yo conozco dos, una (en la misma ciudad del ejemplo anterior) en que, al construir una de sus iglesias, se orientó al revés, mirando al oeste; y otro caso en que la iglesia se desmontó (porque su lugar iba a quedar inundado con las aguas de un proyectado pantano) y al trasladarla de sitio se orientó al revés. En estos casos, la pareja de enamorados del ejemplo anterior, podía quedar en la puerta del lado sur, y no encontrarse nunca porque el que se orientó por el Sol se fue a la puerta del Evangelio, mientras que el que se orientó por la mencionada equivalencia (norte-Evangelio y sur-Epístola) se fue a la puerta de la Epístola.

- **Tercer ejemplo de lenguaje indicativo.**

Cuando se dice que una persona tiene en la sangre RH positivo o RH negativo, estamos tentados a pensar que tiene una de las dos variantes del factor RH, la positiva (+) o la negativa (-). Pues no, no hay tales variantes del factor RH; y es que aquí el verbo tener se emplea como lenguaje indicativo. En efecto, si analizamos nuestra sangre, podemos encontrar el factor RH, o no encontrarlo. En el primer caso, decimos que tenemos el factor RH +, lo cual falso pues no hay tal factor RH +; lo que indica la expresión es que tenemos el factor RH; y en el segundo caso, decimos que tenemos el factor RH -, lo cual es falso, pues no hay tal factor RH -; lo que indica la expresión es que **no tenemos** el factor RH.

- **Cuarto ejemplo de lenguaje indicativo.**

Desde hace millones de años, en América hubo dos subcontinentes, el norteamericano y el sudamericano. Mucho más tarde emergió lo que hoy conocemos como Centroamérica que los unió. El subcontinente norteamericano lo formaban lo que hoy son las tierras canadienses, gringas y mejicanas. Los gringos, con su heredada etnofobia por Hispanoamérica, al no querer mezclarse con los mejicanos, dicen que Méjico, junto con las naciones centroamericanas, pertenece a Mesoamérica; y los historiadores mejicanos, sumisos a los gringos, les siguen la corriente. Falso de toda falsedad, jamás existió eso que llaman Mesoamérica. Esa palabra no pertenece a un lenguaje significativo, sino a un segregador lenguaje indicativo.

- **Quinto ejemplo de lenguaje indicativo.**

Según la RAE, un tribunal es "Del lat. *tribūnal.*

1. m. Lugar destinado a los jueces para administrar justicia y dictar sentencias.

Sin.:   *juzgado, audiencia, sala, corte[2].*

2. m. Ministro o ministros que ejercen la justicia y pronuncian la sentencia.
3. m. Conjunto de jueces ante el cual se efectúan exámenes, oposiciones y otros certámenes o actos análogos.
4. m. pl. por antonom. Los tribunales de justicia".

Pues bien, la ministra de educación y portavoz del gobierno de Sánchez, Pilar Alegría, ha dicho que *"un ataque al Tribunal Constitucional es un ataque al Pode Judicial"*. Esta monstruosidad conceptual se debe a que ha creído, erróneamente, que al llamarse Tribunal, dicho organismo forma parte del Poder Judicial; lo cual es falso, pues esa institución, a pesar del nombre (lenguaje indicativo), no es un Tribunal (lenguaje significativo), y, por tanto no forma parte del Poder Judicial; sino que es el supremo órgano interpretativo de la Constitución.

– **Mecanismo de ampliación del léxico.**

Las palabras nuevas que se incorporan al léxico de una lengua surgen como respuesta a dos preguntas:

¿Por qué se crea una palabra? Para abandonar la sufrida situación actual (no querida): UNA CARENCIA LÉXICA	¿Para qué se crea una palabra? Para alcanzar la buscada situación ideal (querida): UNA GANANCIA LÉXICA

Hasta ahora, las palabras extrañas se adoptaban por **traducción** (basketball-baloncesto) o por **traslación** (football-fútbol); pero **solo en los tiempos modernos**, en muchos casos, por **copia (¿por qué? Lo veremos al final).** Cuando el uso de la copia es frecuente, la RAE suele poner la palabra en **cursiva** (lo cual quiere decir que la gente lo usa, pero no que sea aceptada por ella).

2. LÉXICO COMÚN

Veamos un ejemplo previo, de origen árabe, la palabra **almohada,** compuesta de al (el) mo (lugar) hadda (mejilla); podríamos decir el lugar de la mejilla, o de posar la mejilla. Los españoles medievales podrían haber **traducido** la palabra de muchas maneras, posamejilla, posacabeza, reposacabeza, etc., por ejemplo; pero, entre el trabajo y las guerras no estaban para pensar en cuestiones lingüísticas, por lo que adaptaron a su grafía la palabra árabe. Aquí hay que decir aquello de **a lo hecho pecho:** ya no hay vuelta atrás; pero, al menos, se cumple la sacrosanta regla de nuestra lengua: **se escribe como se lee.**

Para no abrumar al lector, solo haré comentarios de algunas de las palabras indicadas.

Empecemos con las deportivas, ya que fueron las primeras que me llamaron la atención en mi adolescencia.

Foot-ball	Balompié	Off side	Fuera de juego
	Fútbol		
Corner	Saque de Esquina	Pressing	Presión
	Córner		
Referee	Árbitro	League	Liga
Record	Registro, Marca, Grabación	Killer	Asesino (delantero goleador)
	Récord		
(Sala) board	(Sala de) pantallas	Superslow	Superlento

Prescindiendo del hecho de que el fútbol deriva de un antiguo deporte italiano, que ellos llaman calcio, leído calcho; lo cierto es que fueron los ingleses los que lo divulgaron, y al hacerlo, en España algunos optaron por la traducción, como el Betis balompié o el Albacete balompié; y otros, la mayoría, optó por la traslación. **¿Qué ganamos con la traslación? Una redundancia,** pues balompié no es semejante a fútbol, sino igual que fútbol. Los franceses no optaron por la traducción ni por la traslación sino, directamente, por la copia.

En los otros muchos deportes de balón, una vez (que yo sepa) se optó por la traslación, beisbol, en vez de por la traducción, balón base, por base ball; pero la mayoría de las veces se optó por la traducción: baloncesto (aunque algunos todavía se resisten y, con el apoyo re la RAE, trasladan el basket, cesta, cesto, canasta, al básquet, e incluso básquetbol), balonmano, balonvolea, etc. Aquí hay que hacer una mención especial. De toda la vida, desde que tengo uso de razón se ha jugado a balonvolea; pero en un lejano día, alguien empezó a colar la traslación, voleibol. En ese período de indecisión, iba yo conduciendo por la carretera y al entrar en un pueblo vi un cartelón que cubría la calle entera que decía "campeonato juvenil de voleibol (balonvolea)". Obsérvese que el que redactó el cartelón sabía que a ese deporte **todo el mundo** lo llamaba, **de siempre,** balonvolea; entonces cabe preguntar **¿por qué quería cambiar el nombre de toda la vida? ¿para qué quería cambiar el nombre de toda la vida?** La respuesta la veremos más adelante. Me gustaría saber quién fue el presidente de la Federación Española de Balonvolea que quiso pasar a la historia como innovador lingüístico y la nominó Federación Española de Voleibol: **¿aspiraba a ser académico de honor de la RAE? ¿qué ganamos con el cambio? Sinrazón.**

Obsérvese que la traducción literal del original Off side es Fuera de lado (de un imaginario lado que tanto guerra dio a todo el mundo (y sigue dando pese al dichoso VAR), mientras que la traducción, no literal, al español, mejoró el término, porque si estar fuera del imaginario lado es la causa, el efecto es que el jugador que se encontrase en esa posición quedaba automáticamente Fuera del juego. En mi adolescencia y juventud se decía una traslación muy chunga, orsay; tan chunga que terminó por desaparecer.

Lo de Corner es un claro ejemplo de diferencia entre lenguaje significativo y lenguaje indicativo. Veamos. Una persona que fuese a ver un partido de fútbol, sin saber nada de este deporte, cuando oyese a la gente gritar córner y supiese el significado de esa palabra, miraría a las cuatro esquinas del campo a ver si en alguna de ellas había pasado algo relevante; y viendo que las cuatro estaban vacías, preguntaría que por qué la gente grita esquina, aunque en raro, córner; alguien podría explicarle que en efecto, esquina es **un lugar,** pero que en ninguno de esos lugares de la cancha ha sucedido nada, sino que, la consecuencia de que un jugador del equipo que defiende esa área, haya echado el balón fuera de la línea de su portería, es que el equipo contrario tiene derecho a sacar el balón **desde** la esquina.

Obsérvese que si utilizamos el lenguaje indicativo (esquina o su equivalente, córner), lo único que sabemos es que allí va a suceder algo, mientras que si utilizamos el lenguaje significativo (saque de esquina) sabemos que ese saque es **una penalización** al equipo defensor, que se va a realizar desde la equina. Es indudable que los hispanohablantes preferimos el lenguaje significativo; y en concreto, preferimos decir "saque de esquina" al término indicativo "esquina", el cual nos resulta tan ridículo que se suele sustituir por el extraño "córner". Lo absurdo de la situación es que si miramos este palabro, córner (con acento) en el diccionario, nos dirá que significa saque de esquina (no esquina: que es lo que realmente significa la palabra corner).

Los jugadores de fútbol aparte de tratar de jugar, también tratan de obstaculizar (de forma legal y deportiva) el juego del rival. Una de estas maneras es ejerciendo una presión sobre él, incomodándole para dificultar que juegue tranquilamente. Pues hubo un tiempo, en que se empeñaron en no hacer presión, sino hacer pressing. **¿Se avergüenzan los hispanohablantes de decir presión? ¿Qué ganamos con la sustitución? Sinrazón.**

La peña se ha pasado toda la vida insultando el árbitro (el famoso señor de negro de los tiempos antiguos), y ahora, a las árbitras. Lo asombro es que ahora ya no se puede hacer eso, no porque los aficionados se hayan vuelto más civilizados (al contrario, son cada vez más salvajes), sino porque ya no hay árbitros (as), sino referees (lo llevan grabado en la camiseta). **¿Se avergüenzan los hispanohablantes de decir árbitro? ¿Qué ganamos con la sustitución? Sinrazón.**

Algo parecido sucede con el término Liga. En efecto, hace tiempo que no se juega la Liga de campeones, la Liga Europa, la Liga joven, la Liga de naciones, o la Liga de promesas, sino la Champions League, y la Europa (en español) League (en inglés), la Young League, Nations League, o Promise League. **¿Se avergüenzan los hispanohablantes de decir liga, joven, naciones, promesa? ¿Qué ganamos con la sustitución? Sinrazón.**

Los griegos antiguos tenían la costumbre de erigir trofeos en los lugares en donde habían sucedido eventos importantes (batallas ganadas, por ejemplo); y es que el hombre siempre ha tenido la costumbre de registrar los hechos importantes para recordarlos (en aquellos casos, grabando en piedra la hazaña realizada). Prescindimos aquí de que records = archivos. En deporte lo importante es que quede constancia de que tal atleta, o tal equipo, ha desarrollado una prueba en un tiempo mínimo, que en ella ha realizado un salto (de longitud o de altura), o el lanzamiento de un objeto (peso, jabalina, etc.), a una distancia máxima, levantado un peso máximo, que ha marcado más goles que nadie antes en situaciones semejantes, etc. Muchos comentaristas deportivos utilizan los términos registro o marca (el nombre del periódico deportivo más antiguo de España); siendo así **¿qué ganamos con la traslación? Una estúpida redundancia,** pues record es idéntico a registro, marca.

En el fútbol es frecuente llamar killer a un delantero goleador; de esos que están siempre merodeando el área contraria, y al menor descuido, zas, te meten un gol, y matan metafóricamente el partido (de ahí lo de asesino). La metáfora es aceptable, aunque un pelín exagerada, por eso los hispano-hablantes no dicen asesino. **¿Qué se gana diciendo lo mismo, pero en raro? Redundancia.**

Modernamente, tras la implantación del VAR, en casos dudosos, el árbitro oye por su pinganillo que requieren su presencia en la Sala de board. No vaya a pensar el lector que allí se celebra una junta o un consejo; ni que vaya a ver una serie de tablas que hay en una sala;. No, lo que quieren es que vaya la Sala de pantallas (porque hay varias, en donde se ven las jugadas desde distintas perspectivas) a ver minuciosamente la jugada antes de tomar una decisión. Y si el lector oye (sin escuchar: qué curioso) a algunos comentaristas deportivos, se enterará de que los de la sala le repiten al árbitro la jugada varias veces en modo super slow, queriendo decir super lento. **Se avergüenzan algunos de estos comentaristas de decir lento?**

Hagamos un alto en el partido, paremos para descansar, como hacen los futbolistas.

Stop	Alto, pare	Hitch-hiking	Aventón
			Autostop

En el diccionario de la RAE no dice que stop sea una palabra española (por eso la pone en cursiva); si la pone es porque muchos españoles la usan (y dice que es una señal de tráfico). En Hispanoamérica suelen ser mejor hablados (aunque no todos) y en vez de ese palabro, ponen alto, o pare. Hace pocos años, vi en televisión como un barco gringo guarda costa perseguía a un barco de contrabandistas mejicanos que pretendía introducir droga en territorio gringo; y, cuando estaba muy cerca del mismo, para que lo entendieran gritaban repetidamente en perfecto español, **alto al barco.**

En cambio en España, lo frecuente es despreciar nuestro alto, y decir, por ejemplo, **Stop desahucios.** No ponen **Alto a los desahucios** (tan solo una vez lo he visto en una pancarta: pensé, este debe de ser uno de esos que llaman fascista lingüístico), **paren los desahucios, o detengan los desahucios.**

¿Qué ganamos con la copia? Una estúpida redundancia.

Hitch-hiking, compuesto de hitch, enganche, y hiking, excursión (a pié) significa enganche de excursión: literalmente parar un coche para recoger y llevar a otro viajero (vaya o no de excursión). Hace muchos años, un mejicano, por similitud con aventar, se inventó la preciosa palabra aventón, para significar este viajar gratuito. En cambio por estos lares, a alguien se le ocurrió el palabro autostop, por aquello de que es un coche (un auto) el que para (stop) con el fin de recoger y llevar a otro viajero.

¿Qué ganamos con el palabro? Eso, un innecesario palabro ajeno.

Tras esta parada, sigamos con más términos relacionados con el deporte:

(Torneo) Open	(Torneo) Abierto	Cross over	Cruce
Photo finish	Foto final	Fair play	Juego limpio
Final four	Final a cuatro	Judo	Yudo
			Judo (aunque lo lean yudo)
Play off	Desempate	Play offs	Eliminatorias
Gamer	Jugador	Fitness	En forma
Fan	Seguidor	Montain bike	Bici de montaña
Freestyle	Estilo libre	Waterpolo	Polo acuático, agua polo, aqua polo
Runner	Corredor		Waterpolo (aunque lo leen guaterpolo)

Sprinter	Velocista	Hat three (Sombreros tres)	Triplete
(Nadar a) crawl	(Nadar al) arrastre	Match	Partido
	(Nadar a) crol		
Mvp (Most value player)	El mejor jugador	Free kick	Golpe franco
Fan zone	Zona de seguidores	Recovery	Recuperación
SnowBoard	Tablanieve, Planchanieve	(Acto de) opening	(Acto de) apertura
Ryder cup	Copa Ryder	Gladiator	Gladiador
Hockey	Gancho	Rider	Jinete, piloto, ciclista
Skateboarding	Planchapatín	Dry tooling	Escalada en hielo

Los jóvenes de ahora (lo he comprobado muchas veces) no tienen ni la menor idea de por qué a los más importantes torneos de tenis, se los llama torneos abiertos; para ellos se trata de un **lenguaje indicativo:** no saben a qué están abiertos. No saben que, hace muchos años, había torneos para tenistas aficionados (aunque cobraban por otros medios: por ejemplo, nuestro gran Manolo Santana) y tenistas profesionales (que cobraban por jugar al tenis (por ejemplo, nuestro gran Andrés Gimeno). Llegó un momento en que se decidió juntar en el mismo a los dos tipos de tenistas: la participación en el torneo estaba abierto a ambos tipos de tenistas.

En ciclismo se distinguen tres tipos de corredores: escaladores, llaneadores, y llegadores o velocistas. Estos últimos así llamados porque destacan en las llegadas a la meta, a la que llegan con una endiablada velocidad, fruto de un final acelerón, lo que se conoce como arreón (*Incremento brusco de ritmo o de tendencia. El arreón del ciclista. …*). Como estas palabras no le valen a muchos hispanohablantes, **¿por qué?** Prefieren emplear el palabro inventado de esprinter, de sprinter.

Es asombroso que la gente se deje llamar fanático sin inmutarse; quizás porque se les olvida que fan es una simplificación de fanático. Hay que reconocer que las aficiones deportivas de todo el mundo, más que como civilizados seguidores se comportan como auténticos fanáticos. Quizás por ello no les importa que los reúnan en corrales como si fueran rebaños de humanos fanáticos: aunque ellos no se molestan en poner el plural, y dicen Fan zone. En cuanto a las otras palabras, **¿Se avergüenzan los hispanohablantes de decir tabla, o plancha, nieve, copa, etc.? ¿Qué ganamos con las copias? Sinrazón; y ¿con la traslación? Redundancia.**

Vamos con los Organismos Oficiales Internacionales y sus acrónimos:

GREEN PEACE	PAZ VERDE	UNICEF	ONUI, FIENUI
UNESCO	ONUCEC	SAVE THE CHILDREN	SALVAD A LOS NIÑOS

De toda la vida se ha dicho Cruz Roja y no Red Cross, etc. En cambio **ahora** se dice Green Peace, y no Paz Verde. Si la ONU tiene un organismo que se dedica a fomentar la Cultura, la Educación y la Ciencia, es evidente que su acrónimo es ONUCEC; en cambio la gente dice UNESCO. Si preguntamos a los que esto hacen que ¿a qué se debe esta diferencia? Responden, sin inmutarse que así **se dice.** Y si, a continuación le preguntamos a qué se debe esa cobardía de ampararse en el impersonal **se dice,** entonces dan **la callada** por respuesta. Una vez oí decir a una persona (supuestamente culta) que esto se debe a que el organismo central de la ONU está en Nueva York, y por tanto los acrónimos de sus organismos hay que decirlos en inglés; **enmudeció** cuando otra persona le dijo que entonces porque había dicho ONU y no UNO, y, ya de paso, Nueva York y no New York. Respondió con un **silencio sepulcral.** Obsérvese que para cuidar de la infancia, en vez de crear un Organismo como dios manda, se crea un mero Fondo.

Vamos con la alimentación:

Sandwich	Emparedado, Entrepan	Box	Caja, cabina
	Sándwich	Rustic	Rustico
Take away	Llevar	Crackers	Crujiente
Bacon	Panceta, tocineta	Bakery	Panadería, tahona
	Bacón, beicon	Low cost	Bajo coste
Snack	Aperitivo, boca-dillo, tentempié, piscolabis	Light	Ligero
(Sº de) catering	(Sº de) hostele-ría, o de comidas	Yoghourt	Yogur
Now	Ahora	Bowl	Tazón, cuenco, jofaina, gacha, ponchera
Fresh	Fresco	(Manzana) golden	(Manzana) dora-da
Pod	Vaina	Pack (de package)	Paq (de paquete)

Hace muchos años que oí, y luego vi escrito, el palabro bacon (que leían correctamente beicon: como, a veces, lo escribían) para referirse a la panceta de toda la vida. Lo asombroso es que cuando le decía a alguien que eso era absurdo porque bacon no es semejante a panceta o tocineta, sino igual que panceta; siempre obtenía como respuesta que no era lo mismo (y punto en boca). Pero algunos más atrevidos (ya se sabe que la ignorancia es muy atre-vida), decían que no, que panceta es el alimento crudo, mientras que bacon era la panceta ahumada. Era evidente que ni sabían español ni sabían inglés, porque la correspondencia exacta es la siguiente: panceta es bacon; y panceta ahumada es smok (humo) bacon. Cabe preguntar: **¿A qué ese empeño en defender lo indefendible? ¿Qué ganamos con la traslación? Sinrazón.**

Temas varios:

Container	Contenedor	Coach	Orientar, preparar, entrenar, enseñar,
Hater	Odiador	Retelling	Recuento
Master	Maestro	Follower	Seguidor
Mastery	Maestría	Iron man	Hombre de hierro
Show	Demostración, exhibición / exposición, / función, espectáculo	My home	Mi hogar
Patronage	Patrocinio	Speaker	Hablante, conferenciante, altavoz
Sponsor	Padrino, Fiador	Parking	Estacionamiento
			Aparcamiento
Spoiler a film	Destripar una película	Balconing	Balconeo
Grand prix	Gran premio	Got talent	*Nuevos talentos*
Revival	Reavivamiento, reanimación, resurgimiento, restablecimiento, despertamiento, reposición, reestreno	Inside	Interior, por dentro
Sky line	Horizonte (literalmente: línea del cielo)	Baby boom	Auge de niños Alza de niños Bum de niños
Gift	Regalo	Crowdfunding	Colecta

Mobbing	Acoso laboral	Terminator	Terminador, terminante
Bullying	Acoso escolar	Slot	Ranura
Stop Mob-bing	Alto al acoso laboral	Job	Trabajo
Best seller	Superventa	Frame	Fotograma
Stop Bu-lling	Alto al acoso escolar	Slot game	Tragaperras
Idol	Idolo	Community	Comunidad
Kid	Chico, niño, chaval	Wedding planning	Planificación de boda
Experience	Experiencia	Freaky	Extravagante, raro, excéntrico
			Fiki, friqui
Frame	Fotograma	Non stop	Sin parar
Community	comunidad	Nanny	Niñera
Curling	Rizado	Personal doctor	Doctor personal
Wedding planning	Planificación de boda	All in one	Todo en uno
Freaky	Extravagante, raro, excéntrico	Staycation	Vacaciones en casa
(Marcar un) call	Hacer una llamada	Protect and repaire	Protege y repara
Call center	Centro de llamadas	Puerto Sherry	Puerto Jerez
Health center	Centro de salud	Newsletter	Boletín
Colchons	Colchones	Naïv	Ingenuo

Red flag	Bandera roja	Collage	Pegado
Loot boxes	Cajas de botín	Photo call	Sesión de fotos
Protein	Proteína	Working class	Clase obrera
Discreet	Discreto	Speech	Discurso
Original remedy	Remedio original	Shock	Choque
Big four	Cuatro grandes	Celebrity	Celebridad
Footer	Pie de página	Glamour	Encanto, glamur
Manager	Gerente, administrador / Representante	Tatoo	Tatuaje
Pin	Insignia, alfiler	L (de Learner)	A (de Aprendiz)
Mail	Correo	Email	Ecorreo
Ecommerce	Ecomercio	Selfi	Aufo (de Autofoto)
Oil	Aceite	Gasoil	Gasoleo
Taxscout	Taxista	Ouvenirs	Recuerdos
First date	Primera cita	Electric car	Coche eléctrico
Rent a car	Alquilar un coche	Play	Activa, acción

Recuerdo cuando, en mi juventud, presencié una discusión entre dos personas, una de las cuales defendía con ardor que container no era lo mismo que contenedor: me dejó profunda huella aquella estupidez (no hace falta más que ver el parecido).

Hace años (cuando ya se empezaba a emplear la palabra máster) hablando, en España, con un extranjero (que todavía no nos conocía bien), este empleo, correctamente, la palabra maestría para referirse a ese título académico. La segunda vez que hablé, en España, con otro extranjero (demostrando que tampoco nos conocía bien) este dijo lo mismo: y eso que yo fui a hablar en calidad de demandante de un puesto de trabajo, por lo tanto no estaba en condiciones de exigir respeto por nuestra lengua. Por aquella época, la Escuela de Estadística, para evitar conceder el título de Máster, al no atreverse a decir Maestro, ni Maestría **(¿por qué?),** recurrió al latino Magister.

En cuanto a show, he llegado a oír en TV (que algunos leen TiVi) que era un show espectacular: y tan pancho.

En latín, sponsor y patrocinium son conceptos distintos: el primero es pasivo, derivado de sponsio, promesa solemne (es padrino, fiador: por si pasa algo en el futuro), mientras que el patrocinio es activo (protege, favorece, etc.: de hecho, por ejemplo entregando dinero para desarrollar una actividad). En los tiempos recientes se equiparan, erróneamente, ambos conceptos **¿Qué ganamos con la equiparación? Confusión: destripar el lenguaje (perdón hacer un spoiler al lenguaje).**

Tampoco he consigo encontrar el sentido figurado en virtud del cual un alineamiento de coches se asemeje a un parque; de todas maneras, de existir tal semejanza, podríamos decir parcoche, pero no, la muchachada decidió que era **mejor (¿)** la copia: parking.

En virtud de una absurda moda, a muchos muchachos les ha dado por demostrar su **creatividad (¿),** componiendo palabras con una mezcla del inicio de una palabra española con el final inglés, ing (balcón-ing). En un caso, esta memez ha servido, nada menos que, para nominar a una compañía aérea (Vueling). En cuanto a los otros términos, **¿qué ganamos con la sustitución? Sinrazón.**

En el caso de celebrity y celebridad no es un ejemplo de falso amigo (que veremos enseguida): sus significados son idénticos: **¿qué ganamos con la sustitución? Sinrazón.**

Hasta el año 1.992, todo el mundo hablaba de llevar una insignia en la solapa (por ejemplo); pero entonces surgió un gran mesías lingüístico, que decidió que era más pocholo decir pin; y la peña, cual dócil manada, acató tan genial innovación lingüística.

Embrollos varios:

Halloween	Día de todos los santos	Resort (turístico)	Recurso (turístico): Complejo, estación
Share	Cuota, porción,	Implement	Aplicar
Taliban	Talibes	Stage	Etapa / escena, estrado, tablado, plataforma
	Talibán	Puzzle	Rompecabezas
			Puzle
Eventually	Finalmente		

Se suele decir que Halloween es una fiesta pagana gringa. Nada más lejos de la realidad. Es una fiesta religiosa europea, de origen celta. Esta palabra significa Víspera de los Santos; deriva de All halloween, que deriva de All Hallows Eve, Víspera de Todos los Santificados, variación de All Saints Eve, Víspera de Todos los Santos; finalmente el All se suprimió y quedó Hallow even, que terminó en Halloween. Nuestro Día de Todos los Santos, de toda la vida. Una vez, un medio resignado escribió Jalogüín. El origen celta de esta costumbre lo tenemos atestiguado en España, en una tierra de grandes raíces celtas, Galicia; allí se llama Samaín. Unas preguntas que dejo en el aire: **¿Por qué se prefiere adaptar lo ajeno en vez de divulgar lo nuestro? ¿Qué se gana con ello?**

A las distintas cadenas de televisión les interesa conocer la audiencia que tienen, y los motivos de la misma. Esta audiencia la podemos medir en términos absolutos (X millones), o en términos relativos (un % del total). A este porcentaje se le ha llamado toda la vida cuota, cuota de pantalla, o cuota de mercado; pero henos aquí que hace algunos años, algún aspirante a académico de la RAE se empeñó en sustituirla por la palabra share (que suelen pronunciar de variadas maneras), que significa eso: parte, porción, cuota, etc. **¿Qué ganamos con la equiparación? Sinrazón.**

A las distintas cadenas de televisión les interesa conocer la audiencia que tienen, y los motivos de la misma. Esta audiencia la podemos medir en términos absolutos (X millones), o en términos relativos (un % del total). A este porcentaje se le ha llamado toda la vida cuota, o cuota de pantalla; pero henos aquí que hace algunos años, algún aspirante a académico de la RAE se empeñó en sustituirla por la palabra share (que suelen pronunciar de aquella manera), que significa eso: parte, porción, cuota, etc. **¿Qué ganamos con la equiparación? Sinrazón.**

Hace años asistí a una discusión entre partidarios de decir los talibanes o los talibán; como no llegaron a ningún acuerdo, me preguntaron qué cuál de las dos expresiones era la correcta para decir y escribir ese plural. Mi respuesta les desconcertó porque dije, y repito ahora, que ninguna de las dos es correcta. Veamos. Cada lengua hace el plural como considera conveniente (faltaría más), pero lo que es absurdo es hacer en español el plural de una lengua extranjera, partiendo del plural de esta lengua, o aceptar el plural ajeno como plural propio. Veamos. Talib es una palabra de origen persa que significa estudiante (en singular). El plural de esta palabra en esta lengua es talibán. Si en español queremos hacer el plural de una palabra extranjera, deberemos partir del singular en esa lengua, talib, y decir talibes. Partir de su plural para hacer nuestro plural, sería un plural al cuadrado, que diría un matemático: una ridiculez. Y convertir el plural de la lengua persa en nuestro plural (talibán) es otra ridiculez.

En traducción es conocido el término **"Falsos amigos"**: palabra de un idioma que se parece muchísimo a otra de otro idioma, razón por la que se toman como equivalentes, sin serlo. Un caso de estos es la palabra eventually, que significa finalmente, mientras que su falso amigo, el término español, eventualmente, significa casualmente, accidentalmente, inciertamente. Es evidente que no es lo mismo que algo suceda finalmente, que algo sea incierto que suceda. **¿Qué ganamos con el falso amigo?**

Desconcierto (el que provocan, a veces, los malos traductores).

Nos vamos de compra:

Trending topic	Actualidad	Green days	Días verdes
Outlet	Oportunidad	Cyber monday	Ciber lunes

White days	Días blancos	Display	Exhibidor
Stand	Caseta, barraca, puesto, tribuna, quiosco	Lipstick	Lápiz labial
Oversize	Tallas grandes	Tuper	Tartera, Fiambrera, Lonchera.
			Táper, Túper, Tóper
Ticket	Vale, pase, recibo, resguardo, comprobante, justificante, etc.	Black Friday	Viernes negro
Factory	Factoría	Spray	Aerosol, vaporizador, pulverizador
			espray
Advanced gum care	Cuidado avanzado de encias	Complete protection for a healthy mounth	Completa protección de la salud bucal
Boutique	Botica	Eau de cologne for men	Agua de colonia para varones

De toda la vida se ha dicho que, en un momento determinado, algo está de actualidad; y, en su caso, de candente actualidad, o de rabiosa actualidad. Modernamente se ha sustituido actualidad por la expresión trending topic, que se compone de trending, derivado de trend, tendencia, curso, dirección, marcha; y de topic, asunto, tema. Lo absurdo de esta expresión (en el propio original) es que el que el hecho de que algo esté de actualidad no implica ninguna tendencia, porque esta es un concepto que implica el transcurso del tiempo; el que en un momento o período determinado surja algo nuevo (falda, pantalón, blusa, etc.) que tiene una general aceptación (está de moda) no implica ninguna tendencia (¿de qué momento arranca esta tendencia? Del final del imperio romano, por ejemplo). **¿Qué ganamos con la falsa equiparación? Confusión.**

Cuando se termina una temporada de vestimenta, siempre quedan prendas que no se han vendido, las sobrantes. En la próxima campaña (de repente: sin tendencia de ningún tipo) aparecerá otra moda, que dejará obsoletas las prendas de la campaña anterior, de la moda anterior. Como estas son ropas que ya no están de moda, que nadie quiere, para venderlas se reduce su precio con el fin de hacerlas atractivas al cliente potencial. Y justo este hecho es lo que explica el nombre que se les daba a estas prendas: oportunidades (algo que, en términos comparativos con la campaña anterior, resultase un chollo, una ganga). Pero, una vez más, a los aspirantes a académicos de la RAE (a partir de ahora los nombraré los contumaces aspirantes), les dio por sustituir esta palabra por outlet que, bien pensado, resulta ofensiva, porque significa salida, desagüe, desaguadero: vamos los residuos, desperdicios, desechos, restos, sobras. **¿Qué ganamos con la equiparación? Una burla.** La burla sube de tono cuando se dice moda outlet: una **contradicción.** Y hay que advertir que quien acepta una contradicción incurre en **paradoja** y demuestra ser (literalmente) un auténtico **imbécil.** He llegado a ver una pancarta que decía que ellos (la tienda) eran Factory Oulet (Factoría de sobrantes)

Por supuesto, fuese una prenda de moda o un sobrante de la campaña anterior, cuando alguien compraba algo, al pagarlo le daban un vale (que justificara que había comprado la prenda). Hace años era famoso el vale de compra de unos grandes almacenes. Pero los contumaces aspirantes se empeñaron y lo consiguieron: el vale ya no vale, ahora hay que decir ticket (con mejor criterio, algunos resignados escriben tique). Si uno va a la Seguridad Social, hay que recoger un **pase,** para poder **pasar** a la consulta: pero en la máquina no dice un pase sino un ticket (faltaría más).

Del tamaño de la prenda, los días de compra, y las tarteras o fiambreras de toda la vida, **¿qué ganamos con la sustitución? Sinrazón.**

En cuanto al lápiz labial de toda la vida, se han inventado un híbrido: stick labial; y ya no cuidamos encías sino gums, ni protegemos las salud bucal sino la healthy mounth. **¡Qué docilidad!**

La palabra **botica** tiene una historia muy curiosa. En muchas farmacias además de la copa y la serpiente ponen arriba la palabra apotecaria, que es el nombre antiguo de donde viene botica, a través de sucesivas transformaciones, apoteca, poteca, boteca, botica; y viene del griego apozeke, que significa bodega; aunque mucha gente cree que en la botica solo se venden medicamentos, no es verdad, botica era un establecimiento en el que se vendían mercancías de todo tipo, medicamentos, telas, zapatos, o lo que sea. Pocas veces, pero alguna he visto "la botica de" los zapatos, los bolsos, o lo que sea; en cambio en Francia hay boticas de todo menos de medicamentos, allí lo escriben boutique, y, como también son raritos, lo pronuncian butiq. En español la palabra botica se usa solo para referirse a las farmacias, aunque cada vez menos, y para el resto de prendas se usa el palabro boutique; en catalán, si se usa la palabra botiga, pero empleada para todo tipo de bienes, no solo de medicamentos; en cambio, en alemán apotheke es botica, pero solo de medicamentos; y en inglés, apothecary es boticario, o vendedor de medicamentos.

La última adquisición es una triple innovación lingüística: agua de colonia se pone en francés, mientras que para varones se pone en inglés, con el agravante de que no se dice para varones sin para hombres (que, como sabemos, incluye a las mujeres).

3. LÉXICO ESPECIALIZADO
Vamos a distinguir entre lenguaje científico, técnico, y artístico.
– Léxico científico.

Stocks	Existencias, provisión, reservas, depósito, fondo, caudal	Dumping	Vertido, vertimiento (tirar los precios, o verter los precios)
	Estocaje		
Marketing.	Mercadismo, mercadotecnia	Asset management	Gestión de activos
	Marketear, marquetear		

Test	Prueba	Big data	Grandes datos, Macro datos
Standard	Tipo / Estándar	In / Out	Dentro / Fuera
Broker	Agente, corredor	Imput / Ouput	Insumo / Producto, Entradas / Salidas
	Bróker	Ergonomic	Ergonómico
Set	Conjunto, serie	WAIR (Wind Assisted Incline Running) hypothesis (en paleontología)	CIFA (Carrera Inclinada Facilitada por Alas)
Cubit	Bicu	Just in time	Justo a tiempo
Feedback	Realimentación	Hum (en astrofísica)	Zumbido
Dealer	Tratante	Cut out	Recortar
Big bang	Gran Explosión, Ban	Deepfake	Estafa bancaria
Oxiaction	Oxiacción	Mindfulness	Atención plena
Bypass	Derivación, circunvalación, injerto,	REM (Rapid Eye Movent)	MOR (Movimiento Ocular Rápido)
MBA (Mater Business Administration)	MAE (Maestría en Administración de Empresas	MWR (Money Weighter Return)	Rentabilidad ponderada

Birding	Observación de aves	Renting	Arrendamiento
Leasing	Alquiler	Financial leasing	Arendamiento financiero
			Leasing
Stres test	Prueba de esfuerzo, de resistencia	Merchandising	Promoción de producto
	Prueba de solvencia		
ROE (Return on equity)	RF (Rentabilidad Financiera	Ebitda (Earning before interest, tax, depreciation anmortization)	Margen Neto

Ya en mi época de estudiante universitario, el palabro stocks (una joya lingüista: cinco consonantes y una sola vocal) aparecía hasta en la sopa; primero para significar existencias (su traducción correcta), pero después con otros significados, tales como provisión, reservas, depósito, fondo, caudal, y hasta acciones (los títulos financieros). Se ha hecho tan popular, que cuando uno va a comprar puede oír aquello tan inoportuno de **"no tenemos stocks"** (cuya ese final nadie pronuncia). En un anuncio de prensa leí que **"no tenían existencias de stocks".** Una vez entré en una tienda a comprar un paraguas de un determinado tipo, y el vendedor me dijo que no tenían stocks. Como a veces soy malón (solo un poco), le dije, poniendo cara de fascista lingüista (soy un actor fabuloso: Antony Quim, Fernando Fernán Gómez y yo somos tres), no, no, si yo no quiero un estoque, que no soy torero, quiero un paraguas de tal tipo. El dependiente se sonrío, creo que sin entender la gracia, y yo me largue sin el paraguas a otra parte.

Todo lo que tiene que ver con el comercio es lo comercial (término que se utiliza en muchas lenguas europeas), y todo lo que tiene que ver con el mercado es lo mercantil (término que, igualmente, se utiliza en muchas lenguas europeas). Todas las empresas del mundo elaboran sus productos (bienes y servicios) con la intención de venderlos en el mercado: lo que se llama mercadear (*1. intr. Hacer trato o comercio de mercancías. Sin: comerciar, negociar*). Pero hubo un momento en que las grandes empresas empezaron a sacar jugo a las extraordinarias herramientas de la ciencia estadística (no confundir con las estadísticas: conjunto de datos ordenados con algún criterio), para, antes de lanzar un producto, investigar el mercado (sus necesidades, gustos y preferencias), para, así, adaptarse mejor a él, y obtener mejores resultados. Esto dio lugar al nacimiento de un término nuevo, marketing. Lo curioso es que, posteriormente el término cambió de significado, y hacer marketing ya no se refería a investigar el mercado, sino a los mensajes que se dirigían al mercado para promover el producto (ya elaborado). Pues bien; desde entonces, el uso del término marketing aparece en todas las sopas comerciales: aunque no se sepa si quiere decir, investigación de mercados, promoción de producto (sin especificar el medio), o publicidad del producto (un medio de promover el producto). Con el tiempo, la RAE creó el término mercadotecnia (*Conjunto de principios y prácticas que buscan el aumento del comercio, especialmente de la demanda*), pero se olvidó del más acorde con nuestra lengua: mercadismo. Ya de paso, se inventó dos términos adicionales, marquetear, o marketear (*1. tr. Bol., Chile, Ec. y Perú. Promocionar un producto con el fin de introducirlo en el mercado.*

2. tr. Bol., Chile y Perú. Promocionar a alguien para que sea conocido. U. t. c. prnl); y, ya de paso, aceptó la prostitución del verbo promover. Prostitución a la que luego volveremos. En efecto, del verbo promover proviene el término promoción (Del lat. *promotio, -ōnis. 1. f. Acción y efecto de promover*). Pero los pisoteadores del lenguaje, pretendiendo ser originales, de promoción se inventaron el verbo promocionar (De *promoción.*

1. tr. Elevar o hacer valer artículos comerciales, cualidades, personas, etc.

U. m. en leng. sociológico o comercial. U. t. c. prnl.

Sin.:   *impulsar, promover, ascender, lanzar, medrar.*

Ant.:   *degradar*).

El peligro que se avecina es que a algún otro innovador del lenguaje se le ocurra hacer una simple regla de tres: si de promover salió promoción, de promocionar saldrá promocionción; y la serie puede alargarse). **¿Qué se ha ganado? Que la Sinrazón progrese adecuadamente.**

Otro caso curioso es el invento, ya viejo, de la palabra **ofertar.** Si hablamos con un innovador lingüístico y le decimos que esa palabra sobra, pues ya tenemos **ofrecer, o hacer una oferta,** que significa exactamente lo mismo; dicen que no, que ofertar es ofrecer por un tiempo limitado; lo cual es falso (eso es una promoción): ¿ninguna empresa ofrece algo a un precio dado por tiempo ilimitado? Entonces, se revuelven, hechos unas fieras echando humo por las orejas, y dicen que no, que ofrecer algo es gratuito, a cambio de nada. Si le replicamos que no, que nunca jamás ninguna empresa ha ofrecido productos gratuitamente, que eso es **ofrendar,** es decir, hacer una ofrenda; se callan, sin argumentos. A lo que íbamos: si ofrecer es hacer una oferta, ¿qué es ofertar? ¿hacer una oferteta? Por peligroso camino nos adentraríamos.

El palabro test fue el primero con el que me humillaron en mi juventud estudiantil, por culpa de un profesor que, al presentarle un trabajo (que él tenía que calificar), me insinuó (en honor a la verdad, he de decir que no me obligó) que quitara la palabra prueba y la sustituyera por el palabro test. Obviamente claudiqué. Para mi desgracia, aquel trabajo se convirtió en mi primer libro (que, para mi vergüenza, lleva la mancha del dichoso palabro). En plan curiosidad, he de decir que no he conocido a nadie que pronuncie la t final del singular test; y menos la t y la s finales del plural tests (quizás para evitar que le salga saliva y salpique al colocutor). **¿Qué se gana con ello? Más Sinrazón.** Para colmo de este término tiene el inconveniente que no se sabe si se está **probando** algo o **comprobando** algo, y la distinción es importante; pero esta es una cuestión que a los autoproclamados innovadores del lenguaje no les preocupa.

Dos palabros más, ahora de mi etapa profesional. Al organizar un departamento de Importación de productos con mercados de futuros, utilicé los términos **características tipo** y **agente.** Entonces el Mandamás de turno (español acostumbrado al lenguaje de Chicago) me dijo que quitara los dos términos mencionados y pusiera los correspondientes términos en inglés. Obedeciendo (qué remedio), puse características estándar (creo recordar que esta palabra estaba ya normalizada por la RAE) y broker. No le satisfizo, y me hizo cambiar estándar por standard. **¿Qué ganó con ello? Sinrazón y chulesca cerrazón.**

El cálculo binario (sin el cual no habría ordenadores) lo inventó Juan Caramuel, expuesto inicialmente en su libro *Mathesis Audax,* de 1.644 (Leibniz lo haría, pero 30 años después); y lo desarrolló sistemáticamente (junto con otras aritméticas: ternaria, cuaternaria, quinaria, senaria, septenaria, octonaria, novenaria, denaria, duodenaria, y sexagenaria) en su libro *Mathesis bíceps, Vetrus et nova,* de 1.667-1.670. Este tipo de cálculo solo opera con dos dígitos, el 0 y el 1, que, por eso, se los llama dígitos binarios, siendo su símbolo la b de b(inario); pero como los gringos en vez de decir dígitos binarios dicen Binary digIT, hicieron la gracia de inventarse el símbolo bit, que leen bait; y, claro los innovadores hispanos, dócilmente lo copiaron tal cual (hace años leí un libro en el que el autor, escribió bait, ya que así se lee). Y cuando la física cuántica apareció en escena, aparecieron los dígitos binarios cuánticos, los bicu; pero como los gringos, en vez de decir binarios cuánticos, dicen QUanticBIT, y, simplificando, Qubit; de nuevo los innovadores hispano dócilmente lo volvieron a copiar tal cual.

Esta docilidad se repite con una frecuencia temporal creciente de forma exponencial: con y sin parecido. Veamos algunos ejemplos. Hace años, en al ámbito de la logística, los japoneses inventaron el método de gestión de inventarios cuyo nombre traducido es Justo a tiempo; pero como esta expresión se dice en inglés Just in time (leído, yast in taim: que mola más), nuestros dóciles hispanos lo adoptaron sin dudarlo un segundo. Oxiaction en vez de oxiación. Feddback, se suele trasladar tal cual, y cuando algunos se atreven a traducirlo lo estropean, al traducirlo como retroalimentación (algo imposible: un niño al que, una noche, castigaron sin cenar, jamás podrá recuperar la cena que no hizo, lo que sería la retroalimentación; lo que si hará muchas veces a lo largo de su vida es volver a alimentarse (cenar, en este caso), es decir, realimentarse (incluso la noche siguiente podrá comer la cena de la noche anterior: pero eso no retroalimentarse). Retro *"Significa 'hacia atrás'. Retroactivo, retrotraer"*. Hacia atrás puede ir el chorro que expulsa un avión (retropropulsión: *Sistema de propulsión de un móvil en que la fuerza que causa el movimiento se produce por reacción a la expulsión hacia atrás de un chorro, generalmente de gas, lanzado por el propio móvil*), pero los alimentos no viajan hacia atrás (es imposible saciar el hambre que pasó la noche que se quedó sin cenar).

A veces los científicos, en vez de dar nombres específicos a hechos específicos, les dan un nombre genérico. Un caso de estos se produce en astrofísica, con **el zumbido,** que suele llevar el calificativo del lugar en el que se oyó, y que se refiere a ciertos zumbidos de baja frecuencia no audible por todas las personas. Obviamente si miramos un libro de astrofísica, no verán esa palabra, sino la equivalente de los gringos, the hum: faltaría más. Al menos, se puede decir que se trata de un zumbido; pero hay casos peores, la palabra inglesa seeing, significa literalmente **viendo;** pero en astrofísica esta palabra significa una distorsión del grosor de la imagen de un objeto astrónomo causada por la atmósfera. Se imaginan: ¿Qué estás viendo? Un viendo. Se me ocurre, por ejemplo, Disgrosor (distorsión del grosor).

Pero la ridiculez puede llegar a mayores. Todo el mundo conoce el significado de las palabras, arrendamiento y alquiler; pero desde mi etapa de estudiante, se empezó a imponer sus equivalentes renting y leasing, hasta hacer casi desaparecer los términos hispanos (hay honrosas excepciones). Pero el disparate llegó con el Financial leasing, literalmente Arrendamiento financiero (nombre aceptable); expresión que hace mucho tiempo fue simplificado por el de Leasing (algo que no es). Los financieros, hartos de decir Rentabilidad ponderada, modernamente dicen Money Weighter Return (MWR), que significa Rentabilidad Ponderada del Dinero.

Las empresas pueden hacer promoción de la propia empresa, de alguna de sus marcas, o de alguno de sus productos. A esta última los importadores lingüistas llaman merchandising; de la misma manera que a la RF (la Rentabilidad Financiera de toda la vida o Rentabilidad sobre los Recursos Propios), ahora llaman ROE (Return On Equity), y el Margen Neto de toda la vida, ahora es Ebitda (Earning before interest, tax, depreciation amortization: Beneficio antes de interés, impuestos, depreciación y amortización).

– **Léxico técnico.**

PC (Personal computer)	OP (Ordenador Personal)	Copyright	Derecho de copia, o de autor
Application	Aplicación	Audit	Revisión
Hardware	Ferretería, quincalla, equipo	Briefing	Reunión informativa

Software	Programas, sistema informático, aplicación	Halpipe	Medio tubo
On-off	E(ncendido)-A(pagado), A(vierto)-C(errado), Dentro-Fuera	Holding	Sociedad de cartera
Forware	Adelante	Forback	Atrás
Malware	Programa malicioso	Hub	Cubo, centro, estación
Spyware	Programa espía	GPS (Global Positioning System)	SPG (Sistema Posicionamiento Global)
Tablet	Tableta	Roll up	Enrollar
Smart bank	Banco listo, o inteligente	Smartphne	Teléfono listo, o inteligente
Flash	Destello, ráfaga, relámpago, fogonazo	Zoom	Acercar, ampliar / Zum
Holding	Sociedad de cartera	Royalty	Regalía
Streaming	Chorro, torrente, corriente, oleada, etc.	Spot	Contado (en finanzas) / Anuncio (en publicidad)
Staff	Personal	High tech(nologý)	Alta tec(nología)

Track	Rastrear, pista, vía (en discos compactos y en encuestas)	Ttracking	Seguimiento
On line	En línea	Cookie	Galleta
Off line	Fuera de línea	Cross docking	Acoplamiento cruzado
Collection	Colección	Body cam(era)	Cámara corporal
Web	Red	Code QR (Quick Response)	Código RR (Respuesta Rápida)
Webinar	Redminario	Tashboard	Tablero, panel de control
Like	Me gusta	Pen drive (Lápiz conductor)	Pintal (Pincho Digital)
Hastag	Distintivo	Outfit	Equipo, herramienta
Handeling	Maletería	(Visión) hight behind (en el VAR)	(Visión) Alta Detrás
Blockchain	Cadena de bloques	Disponible Family (en el Banco)	Disponible Familiar
Instakiller	Instalador	Open innovation	Innovación abierta, colectiva
Awakening yoga	Yoga de despertar	Ear cuff	Manguito de oído, brazalete de oído
Airbag	Cojín de Seguridad	(Vuelo) charter	(Vuelo) a la carta

CAD Computer Aid disegn)	DAO (Diseño Asistido por Ordenador)	Contacless	Sin contacto
PIN (Personal Identification Number)	NIP (Número Identificación Personal)	(Empresas) startup	(Empresas) emergentes, innovadoras
Second hand	Segunda mano	DIN A4 (Deutsches Institut für Normung) A4	UNE A4(Una Norma Española) A4
Offshore	Fuera de la costa	Onshore	Sobre la costa (en tierra)
Hacker	Infopirata, Pirata informático / Jáquer	Podcast	Elenco grabado
Pod	Vaina, cápsula	Drop shipping	Envío directo

Si uno ve películas del oeste gringo, puede ver tiendas con el cartel de Hardware, y puede extrañarse de que en aquellos tiempos ya se vendieran equipos informáticos, ordenadores; pero no hay tal; lo que sucede es que esta palabra significa ferretería, quincalla; y los gringos, sin pensarlo dos veces, se la enjaretaron al ordenador (porque es duro como la quincalla); en ese camino, como los programas informáticos, no son duros, le enjaretaron el nombre de software. Hace años, cuando empezaron a divulgarse los ordenadores, todo el mundo hablaba, dócilmente, de hardware y software. Algunos más valientes, empezaron a decir equipo al hardware y programa o aplicación al software. En un libro leí literalmente "hardware (equipo) y software (aplicación)"; me dije qué absurdo sería si cada vez que queremos escribir en nuestra lengua un término científico o técnico, tenemos que hacer lo mismo, sería estúpido y aburridísimo. Actualmente, el hardware ha desaparecido del vocabulario técnico; el software, aún da los últimos coletazos; porque los propios gringos se han dado cuenta de que es un término ridículo, y lo han sustituido por application, aplicación (ya era hora, me dije); pero cuando finalmente este término se ha impuesto, lo han simplificado, no dicen "ap", sino "app", si nuestra aplicación tiene una p, ¿por qué ponen dos? **¿Qué ganamos con ello? Lo de siempre, acumular sinrazón.**

El término tablet tiene una historia muy jugosa. Si significa tableta, ¿por qué muchos hispanohablantes le quitan la a final. Varias veces me han dado la siguiente respuesta: Es que si decimos tableta, la gente la puede confundir con una tableta de chocolate. Mi réplica es muy simple; por el mismo razonamiento, los gringos debería llamar tableta a la tablet, para que la gente no la confundiese con una tablet de chocolate; pero no lo hacen, **¿por qué ellos no se confunden y tú si?**

Desde que estamos informatizados, todo se hace **en línea** (perdón, on line, leído on lain, que es más fino y mola más). Durante mucho tiempo una empresa decía en un **anuncio** de televisión (perdón, spot, leído espot, que es más fino y mola más) que todo se hacía on line. Un buen día, una persona de la empresa decidió volver a lo de toda la vida, a lo que todo el mundo entiende, y cambió la letra del anuncio, diciendo, en línea. Rápidamente, alguien se dio cuenta de que aquella intolerable acción era propia de un fascista lingüístico, y que había que acabar con ella (con la acción, no con la persona); y, en efecto, hasta el presente, sigue tan ricamente.

No acaba aquí la cuestión de la línea, un buen día, leí algo sobre personas que entablaron un diálogo **off line.** Por el contexto deduje, y deduje bien, que no se trataba que una persona se pusiese a gritar fuera de la línea, para que otra la oyese (que supuesta mente estaría muy lejos, por lo que, aunque estuviese escuchando, lo más razonable era que no oyese). Pero no, resulta que el fuera de la línea se refería a un diálogo personal, **cara a cara.**

Veamos seguidamente un milagro televisivo. ¿Se acuerdan del milagro de los peces y los panes? Bueno pues eso no es nada comparado con los milagros que se hacen en los anuncios publicitarios de la televisión. Una empresa dice que sus muchachos miran **cientos de Webs** (cientos de Redes para los fascistas lingüísticos) para ver los precios del producto, y escoger el más barato para sus clientes. Y digo yo ¿cómo es posible mirar cientos de Redes (perdón, Webs, leído Guebs: con lo que eso mola) si solo hay una, la famosa WWW (World Wide Web: literalmente Red en el Amplio Mundo; nosotros diríamos Red

Informática Mundial). Dicen que, dentro de algún tiempo, habrá un par de Redes mundiales, una para profesionales y otra para curiosones y aburridos. Sigamos con la Red: Hasta hace poco tiempo, los **Seminarios** (no confundir con los seminarios conciliares, donde forman a los futuros curas, eran presenciales; es decir había que ir al lugar donde se impartía, pagar el precio y asistir al mismo. Modernamente se paga igual, pero no hace falta ir a ningún lado, se hace mediante la Red, por lo que podríamos llamarlos Seminarios en Red o Redseminarios; y como esta última palabra es muy larga, los usuarios la han reducido a Rednario. Pero no esperen encontrar estos términos en el diccionario de la RAE, pues esta, muy complaciente con los innovadores lingüistas, la ha cambiado por Seminario en Web, y Webnario, respectivamente. **¿Por qué?**

Cuando uno viaja en avión, una vez finalizado el viaje hay que esperar a que se puedan recoger las maletas, que pasan del avión a un departamento de Maletería; pero no esperen ver esta palabra por ningún sitio, pues en su lugar se usa la de los gringos: Handling (porque manejan las maletas con las manos).

En inglés, Hub significa cubo, y en sentido figurado, centro. Todas las empresas grandes, tiene un lugar, centro (donde están la mayoría de máquinas e instalaciones necesarias) en el que se realiza una serie de actividades relacionadas con su fin. Cuando son muy grandes y se realizan en él muchas actividades, a estos centros se los llama estaciones (*"7. f. Centro o conjunto de instalaciones para ciertas actividades, frecuentemente de carácter científico. Estación espacial. Estación de esquí"*). Con estas palabras nos hemos apañado muy bien para entendernos, hasta que han llegado los innovadores lingüísticas y han colado la palabra inglesa hub (cubo, y en sentido figurado, centro), leído Jab, que es más fino y mola más. **¿Qué hemos ganado con la sustitución? Sinrazón.**

Desde hace muchos decenios existe en España el Instituto de Censores Jurados de Cuentas, una especie de Notario Mercantil, que revisaba la información contable de las empresas para ver si se había obtenido con la legalidad y razonabilidad económica y financiera adecuadas. Hace bastantes años que los innovadores lingüistas decidieron intervenir el lenguaje y sustituir la palabra revisión por la inglesa audit. Conocí personalmente a un empresista que, al pasar la revisión médica de su nueva empresa, el médico dedicó mucho tiempo al examen de los oídos; esto asustó al afectado, tanto que, finalmente, le preguntó al médico si tenía algo en el oído, a lo que le contestó que no, que todo estaba bien; por lo que el interesado le preguntó, entonces ¿por qué los ha examinado tan concienzudamente? A lo que el médico replicó, porque me ha dicho que iba a trabajar en el departamento de Auditoría (todavía no estaba consolidado este palabro).

Antes hemos hablado de lenguaje indicativo. Pues bien, en finanzas internacionales se utilizan dos términos muy curiosos: offshore (fuera de la costa) y onshore (sobre la costa, en tierra firme). No vaya a pensar el lector que los financieros se dedican a montar chiringuitos financieros, unos en la orilla del mar y otros lejos de la orilla del mar. No, lo que sucede es que a las operaciones que se hacen dentro (metafóricamente) de la legislación fiscal del país, le llaman onshore, y a las que se hacen al margen de dicha legislación fiscal (en cristiano, a las operaciones opacas que se hacen en los paraísos fiscales), le llaman offshore.

  – **Léxico artístico.**

Vamos con el cine:

Poster	Cartel	Remake	Versión
	Póster		
(Voz en) off	Voz ex	Making off	Así se hizo
West side story	Historia del barrio oeste	Taxi driver	Taxista
Look	(aquí) Imagen, parecido	Frame	Fotograma
Sript	Guión	Script girl	Secretaria de dirección
Brave heart	Corazón valiente	Traveling	Ambulante / (aquí) Desplazamiento (de cámara)
Casting	Reparto	Road movie	Film (cinta, o película), de camino (o de carretera)
Flash back	Analepsis	Sketch	Esbozo, boceto, bosquejo, croquis

Flash Forward	Prolepsis	Time line	Línea del tiempo, línea temporal, secuencia

La mayoría de esos disparates no requieren explicación. El nombre de voz ex, se debe a que es una **voz externa** (por el lugar de procedencia: viene de fuera del plató); pero también se le llama **voz narrativa** (por la función que desempeña). **¿Qué ganamos con las copias? Sinrazón.**

Algo de música:

Long Play	Larga Duración	Disc jockey	Pinchadiscos
Single	Solo	A capella	A capela
Compact Disc	Disco Compacto	Cluster	Racimo, grupo, cúmulo
Hit	Hito	Hit parade	Parada de hitos, Desfile de éxitos
Viola da gamba	Viola de pierna	Mezzosoprano	Mediosoprano

El tercer ejemplo ex extremadamente relevante. Como los discos y las oes son redondas, y compacto termina en o; a alguien le debió de parecer demasiada redondez, y, para redondear la gracia, le quitó la o a las palabras Compacto y Disco, dejándolas en Compact y Disc; es decir, en cueros, sin bolas, que mola más; y como debió de tener aspiraciones poéticas, pues le dio la vuelta a la expresión, y en vez de Disco Compacto puso Compact Disc. Por supuesto, a la hora de escribir el acrónimo correspondiente, en vez de DC, puso CD (supongo que pensando que, en el abecedario, la C va antes que la D); y a la hora de pronunciarlo, no dice CeDe sino SiDi, que es más punzante (lo opuesto a las redondeces eliminadas).

En esta línea de manía a la o, a la palabra hito también le han quitado la o. Curiosamente, si el disco es pequeño (con un par de canciones, por ejemplo), no lo llaman de corta duración, sino single, es decir, único, solo, simple, sencillo (y hasta soltero): todo un muestrario de lenguaje indicativo, pues un disco de música (pequeño o grande) no es algo único (hay muchas copias del mismo), y, obviamente, salvo que alguien lo tenga en la mano, está separado de cualquier otro objeto (como todos los objetos), no es algo simple (al contrario, se necesita muchos conocimientos técnicos para hacer un disco), y la sencillez (como la soltería) no es una propiedad atribuible al disco. Vamos que no hay por donde coger el nombrecito.

Metáfora es *"Traslación del sentido recto de una voz a otro figurado, en virtud de una comparación tácita"*. Lo he intentado varias veces, pero, nunca he encontrado el sentido figurado en virtud del cual el pinchadisco se asemeje a un jinete (la aguja del tocadiscos no tiene la más mínima relación con la fusta). **¿Qué ganamos con las copias? Sinrazón.**

En italiano se dice cantar "A capella", que literalmente significa cantar a capilla, queriendo decir que se canta sin instrumentos (que no los había porque no cabían en la capilla); era por tanto cantar a voz sola, sin acompañamiento. Como no se atrevieron (¿) a decir a voz sola, y decir cantar a capilla resultaba pelín extravagante, lo que se hizo fue trasladar el término, y decir cantar a capela. En cambio no se hace lo mismo con una "suite musical", que, absurdamente, se lee "suit musical" (para qué ponen la e final si no la van a leer). Curiosamente la palabra suite, que significa séquito, también se emplea en el lenguaje hotelero, para referirse a una gran habitación de hotel, tan grande que pueda albergar a una persona y a su séquito (aunque modernamente, las personas del séquito, duerman en otra habitación).

Las artes espaciales.

Art deco	Arte deco	Pop art	Arte pop
Street art	Arte callejero	Body art	Arte corporal
Performance	Instalación	Comic	Historieta, tebeo, tira, paquín
	Escenificación		Cómic

Una preguntan: **¿se avergüenzan los hispanohablantes de decir arte cuando esta palabra está adjetivada?**

Hace tiempo que la escultura ha superado el concepto de estatua; y presenta objetos más complejos que reciben un nombre adecuado (significativo): **instalación** (si es algo estático) o **escenificación** (si es algo dinámico). Lo curioso es que pocos se atreven a emplear estas palabras, **¿por qué?** y engloban las dos en la palabra inglesa performance que tiene muchos significados: cumplimiento, ejecución, realización, desempeño, ejercicio, acción, actuación; en teatro, representación; en música, ejecución, interpretación; en mecánica, comportamiento, rendimiento; en finanzas, rendimiento. De esta manera, salvo que estemos delante de la obra, no sabremos si es una instalación o una escenificación: todo un desprecio a la exactitud.

La palabra cómic es errónea ya en origen, en inglés; porque solo en algunos casos, se trata de temas cómicos. Hace muchos años vi en televisión a un extranjero que al hablar en español refiriéndose a las historietas dijo los cómicos. Muchos años después, vez presencié como una persona, al decir el plural de cómic, también dijo los cómicos, sonrojándose por lo ridículo de la expresión, ya que era consciente de que no se refería a los cómicos mencionados por Fernando Fernán Gómez en su inolvidable novela-película *Viaje a ninguna parte.* El plural correcto de ese palabro habría sido los cómiques, pero también resulta ridículo; razón por la cual la gente suele decir los (plural) cómic (singular: como si fuese un acrónimo, que no lo es). Con lo fácil que es decir, una historieta, un tebeo, etc.

Recientemente fui a ponerme la dosis de refuerzo de la vacuna del Covid 19, y vi que los pacientes que tenían cita previa, tenían, además, que meter la tarjeta de sanidad en un aparato que dispensaba, no **un pase** de toda la vida (con una clave para **pasar,** cuando le llegase el turno), sino un ticket. La sinrazón progresa adecuadamente.

Qué mejor resumen de lo dicho que el que hacen los geniales humoristas gráficos:

Antonio Fraguas (Forges):

– **Andrés Rábago (El Roto):**

— **Flabita Banana:**

Capítulo II

Género pisoteado

Índice:

1. INTRODUCCIÓN

Lo que viene a continuación se corresponde con un escrito que divulgué hace algunos años: para desahogarme.

Los **ámbitos ontológicos** en los que podemos operar los humanos son dos: **el real y el irreal (o conceptual).** En cada uno de estos hay una serie de tipos de **objetos.** Por ejemplo, en el ámbito de lo **real** hay **piedras, animales,** etc.; y dentro de estos últimos, un animal muy especial, el mal llamado, muy mal llamado, el requeté muy mal llamado, **animal racional** (basta conocer algo de historia y mirar a nuestro entorno para comprobarlo). En el ámbito de lo **conceptual,** hay **palabras,** y **otros símbolos** de índole diversa, matemática, lógica, científica, etc.

Los objetos de cada ámbito tienen una serie de **propiedades** que no se pueden extender a los objetos del otro ámbito (salvo metafóricamente). Por ejemplo, una piedra no puede ser coherente ni incoherente, porque es acoherente, la coherencia es una propiedad exclusiva de los objetos conceptuales (curiosamente, es una propiedad metafórica); y una palabra no puede ser dura ni blanda, porque estas son propiedades exclusivas de los objetos materiales. Si decimos que fulano le lanzó a mengano unas durísimas palabras, se sobreentiende que la dureza es metafórica: con ese tipo de dureza no se puede hacer ningún chichón en la cabeza de nadie (a lo sumo un metafórico chinchón conceptual en su mente).

Entre los objetos del ámbito de lo real y los objetos del ámbito de lo conceptual (aquí, las palabras) hay **una relación** de lo más variada y variopinta, pero **muy simple:** aunque muchas personas (y no precisamente las que carecen de formación académica) son incapaces de entender; llegando a plantear cuatro pseudoproblemas relativos a cuestiones lingüísticas: género, terminación, inclusión, y pureza.

2. EL HOMBRE

Es insoportable oír, y leer, a todas horas, eso de **hombres y mujeres.** No sé si en todas, pero al menos en las lenguas importantes, se diferencia entre dos clases de **humanos,** dos clases de **hombres** [del latín *homo,* que a su vez viene de *humu,* (tierra); *ánzropos* en griego], a saber: **varón** (del latín *vir; anér* en griego) y **mujer** (del latín *mulier o fēmina; giné* en griego); ¿o es que creen que las mujeres son animales no humanos, es decir, que no son hombres? Hubo un tiempo en que para la Iglesia cristiana, las mujeres no tenían alma, aunque después rectificaron, y se volvieron a equivocar, pues ningún hombre, sea mujer o varón, tiene alma, lo que tiene es un cerebro prodigioso, del que, en algunos casos, puede emerger una mente prodigiosa; aunque lo normal es que emerja una mente muy deficiente por dos razones: primero por construcción deficiente (ya lo dice el lema de Cajal *"Todo hombre puede ser, si se lo propone, escultor de su propio cerebro"*, y está claro que hay pocos buenos escultores cerebrales; y, después, por falta de entrenamiento. Todo lo cual hace que la mente se suela usar malamente en muchos aspectos.

3. EL SEXO Y EL GÉNERO

Una de las propiedades de **los animales,** es **el sexo;** y una de las propiedades de **las palabras** es **el género (gramatical).**

Hace tiempo que la RAE se lo aclaró a los políticos, y les pidió que, por favor, dejaran de jugar con los juguetes de los mayores; pero la ministra Bibiana Aido, la vicepresidente Carmen Calvo, las precursoras, siguieron, erre que erre, con la dichosa estupidez de confundir **el sexo** de **los animales** con **el género** de **las palabras.**

Entérense de una vez por todas de que **el sexo** es una propiedad de los animales, y **el género** es una propiedad de las palabras: **ni los animales tienen género, ni las palabras tiene sexo.**

Para más inri, resulta que al igual que hay hombres con los dos sexos (los hermafroditas: de los dioses griegos Ermes y de Afrodita), también hay palabras con dos géneros: el mar (para los del interior) y la mar (para lo de la costa). Señoras y señores, por favor, dejen de **pisotear la lengua,** que no es un juguete **particular** sino un instrumento **público:** que sirve, nada menos, que para **comunicarse** entre los hombres.

Para no aburrir al lector, vamos a analizar la cuestión por medio de ejemplos relativos a cinco casos.

1. Objeto real sin sexo, mencionado con palabras de géneros distintos.

Una (género femenino) **piedra** (terminación femenina)-un (género masculino) **pedrusco, canto, guijarro** (terminaciones masculinas). No he querido sacar a relucir la palabra **«china»,** para no complicar más los hechos y los andares (con una china en los zapatos se anda muy mal: en cambio parece ser que los chinos no molestan).

2. Objeto real sin sexo, mencionado con una palabra, pero a la que se le atribuyen dos géneros.

El **agua** (que no tiene sexo), cuando es salada y se junta en cantidades importantes (para protestar por el trato recibido), se la menciona con una palabra, **mar,** que, los que somos de tierra adentro le hemos atribuido el género masculino: **el mar;** mientras que los que son de mar adentro le han atribuido el género femenino: **la mar.** No se preocupe el lector, que ningún marinero, ni ningún pasajero de un viaje transatlántico, se va a marear en alta mar por este juego del género lingüístico; ni piense que el agua es hermafrodita; así que, si el lector viaja en barco, no se ponga a mirar al agua en busca de sexos (vulvas o penes), porque en el agua de **los mares** (curiosamente el plural de mar siempre es masculino: ¡estos machistas!) se puede encontrar restos humanos (de esos que son despreciados por muchos gobernantes del mundo), mucho plástico (gracias a la indiferencia de muchos gobernantes del mundo, ya hay más plástico que peces: ¡viva el progreso!), y (de momento: ¡aprovechen la oportunidad!), peces y mamíferos (no se asuste, la ballena es un mamífero, como los murciélagos, el lector y su gato).

Curiosamente, cuando el agua es dulce y, desde lo alto de las montañas, durante muchos kilómetros, desciende que se las pela (aunque no tenga cáscara); o cuando es salada y se junta en cantidades enormes, se le llama con palabras de género masculino, **el río,** o **el océano** (está claro que el tamaño sí importa aquí: ¡estos machistas!).

3. Objetos reales con sexo, mencionados con palabras de distinto género.

Hay **aves** (palabra de género femenino: aunque si solo hubiera hembras se acabarían las aves) denominadas con un nombre de género femenino, **la cigüeña, la lechuza, la codorniz, el águila** (no se asuste, si no decimos lo apropiado gramaticalmente, **la águila,** con artículo femenino, es solo por aquello de la cacofonía: palabra de origen griego, formada por kakós, mal, malo; foné, sonido, e ia, sufijo que expresa cualidad), mientras que a otras, se las denomina con una palabra de género masculino, **el cuervo, el gorrión, el jilguero, el colibrí.**

Si nos vamos a el (la) mar, sucede más de los mismo, hay **peces** (palabra de género masculino: aunque si solo hubiera machos se acabarían los peces) denominados con palabras de género masculino, **el mero,** por ejemplo, y otros denominados con palabras de género femenino, **la sardina,** por ejemplo (no se confunda el lector con la palabra sardino o sardina que se emplea para referirse a los adolescentes: semejantes a cuando se les llama lechuguinos).

4. Objetos reales con distinto sexo, mencionados con una sola palabra de cierto género.

Si las aves y los peces (y otros tipos de animales) pudieran hablar, nos echarían la bronca, diciéndonos: oigan ustedes, humanos, esa indiferencia lingüística nos llega al alma, porque nosotros también tenemos nuestras cositas, no nos metan a todos, machos y hembras, en el mismo saco: respeten a los animales. Díganle a esos académicos de la RAE que exigimos un vocabulario adecuado: **la cigüeña,** el cigüeño, y le cigüeñe; **la lechuza,** el lechuzo y le lechuze; **la codorniza,** el codornizo, y le codorniz; **la (el) águila,** el águilo, y le águile; **el cuervo,** la cuerva y le cuerve; **el gorrión,** la gorriona y le gorrione; **el jilguero,** la jilguera y le jilguere; **el colibró,** la colibrá, y le colibrí; **la sardina,** el sardino, y le sardine; y ampliando a los reptiles, cetáceos, etc., **el cocodrilo,** la cocodrila y le cocodrile; el **delfino, la delfina,** y le **delfín;** etc.

5. Objeto real, mencionado con dos palabras de género distinto.
Estamos ante **la joya de la corona lingüística en el ámbito de lo real:** el objeto es **el propio sexo de los humanos.** Veamos. **Lo más masculino** que tiene un varón es su sexo; pues bien, da la casualidad que, aunque en plan fino (por ejemplo si se va al médico) para referirse al mismo se emplea una palabra de género masculino (**el** pene), ordinariamente se emplean palabras de género femenino (**la** polla, **la** verga); y con la mujer sucede lo mismo; **lo más femenino** que tiene una mujer es su sexo; pues bien, también da la casualidad que, aunque en plan fino (por ejemplo si se va al médico) para referirse al mismo se emplea una palabra de género femenino (**la** vulva: dejemos ahora las intimidades), ordinariamente, se emplea una palabra de género masculino (**el** coño).

¡Ya es mala pata! ¡qué ofensa, por dios! ¡estos lingüistas de mierda, sin hacer nada, todo el día tocándose lo suyo en la Academia!

Entérense de una vez, **el sexo** es una propiedad de los animales (ámbito de lo real), y **el género** es una propiedad de las palabras (ámbito de lo conceptual):

> ## NI LOS ANIMALES TIENEN GÉNERO, NI LAS PALABRAS TIENE SEXO.
>
> **Es una animalada EQUIPARAR EL SEXO de las personas con EL GÉNERO de las palabras.**
>
> Por cierto, aunque solo modernamente es posible hacerse una operación de **cambio de sexo;** es super conocido que **muchísimas palabras han cambiado de género a lo largo de la historia.** Un ejemplo entre mil: ahora, **señal** es una palabra de género femenino, pero en «La lozana andaluza» de Francisco Delicado (esa impagable joya del lenguaje erótico, sutil, evocador, ambiguo, y de doble sentido) era palabra de género masculino (los lingüistas les podrían dar lecciones magistrales sobre estas cuestiones).

Por esto la llamada **violencia de género** es una soberana estupidez; no ha existido, no existe y no existirá jamás, por la sencilla razón de que es **algo absoluta y eternamente imposible:** nadie podrá ver jamás que la palabra coño (de género masculino) haya matado a la palabra polla (de género femenino), ni que, como revancha, la palabra pene (de género masculino) haya matado a la palabra vulva (de género femenino): sería otra soberana estupidez, con lo bien que se lo pasan cuando se juntan y saben hacerlo (lo cual, dicho sea de paso, sigue siendo un problema, y más importante de lo que se cuenta: pero esa es otra historia).

Lo que hay, y en abundancia, es **violencia doméstica** (por el lugar en donde suele suceder); y, con nombre más adecuado, **violencia machista** (por el sexo del **animal** que suele ejercerla: la violencia hembrista es mucho menos frecuente). Aunque la cuestión no es para tomársela a broma, tampoco viene mal un poco humor. Yo no lo vi, pero me lo contaron. Es un chiste de Santos y Codeso, en el que, en un Juicio, le pregunta el Juez al acusado, oiga y ¿usted por qué pegó a su esposa? Y le contesta el interfecto, pues por equivocación, porque siempre es ella la que me pega.

Si después de estas aclaraciones siguen sin entenderlo, es que son **tontos del culo:** por cierto, muy cerca del sexo, aunque, por mucho que lo han buscado con lupa, palmo a palmo, por toda la zona, no han conseguido encontrar al dichoso (violento) género de los animales.

4. LA TERMINACIÓN

Dado que hay **una gran correlación** (concepto estadístico) entre **el género** de las palabras y **la terminación** de las mismas, esto también causa auténtico desasosiego entre algunos ignorantes pseudolingüísticos. En efecto, muchas palabras de género masculino tienen **terminación masculina, en o** (tonto, estúpido, por ejemplo), y muchas palabras de género femenino tienen **terminación femenina, en a** (tonta, estúpida, por ejemplo); pero hay otras que tienen una **terminación neutra** (por ejemplo, **imbécil, juez, fiscal**). Pues bien, estas últimas también plantea problemas a los **fanáticos ignorantes soberbios** (no a los ignorantes a secas), como vamos a ver a continuación.

La historia empezó (creo) con la famosa juez Alaya (la de los famosos ERE); el personal, **ávido de creatividad,** pasó de juez Alaya a Jueza...; y desde entonces muchos ignorantes se dedican a decir aquello de juezas y jueces. Pienso que con un poco de sentido común podrán haberlo dejado (prescindo de las complicaciones que luego veremos) en **las juezas** (femenino para ellas), **los juezos** (masculinos para ellos) y **les jueces** (neutro para ambos); ya metidos en berenjenales, también dicen ahora fiscalas y fiscales, cuando con un poquito más de imaginación podían haberlo dejado (sigo prescindiendo de las complicaciones que luego veremos) en **las fiscalas, los fiscalos** y **les fiscales.**

5. LA INCLUSIÓN

Aburre tanta ignorancia, tanta estupidez, tano desprecio, tanto fanatismo. Ruego encarecidamente al personal que dejen de una vez por todas de repetir **compañeros y compañeras,** y, peor aún, **hombres y mujeres.** La razón es la siguiente. El primer par de palabras es **un disparate lingüístico;** pero el segundo par es **el mayor insulto que se puede hacer a las mujeres** [y, lo curioso es que, no solo se les hace a todas horas, sino que las pobres en su ignorancia (compartida por los varones) **la aceptan**]. Veámoslo.

Como hemos visto, no sé si en todas, pero al menos en la mayoría de las lenguas, se diferencia entre dos clases de **humanos,** dos clases de **hombres: varones y mujeres.** Al decir **hombres** y **mujeres,** lo que, realmente, se dice es **que las mujeres no son hombres (humanos),** sino **bestias: ¡qué bestias!** (no las mujeres, sino los que lo dicen, entre los que hay muchas mujeres).

Carmen Calvo, la vicepresidente (dejen de decir vicepresidenta: volveremos sobre el tema) del gobierno actual ha escrito a la RAE para que emita un informe con la intención de hacer una nueva redacción de la Constitución española, prescindiendo del **«lenguaje inclusivo»** (forma elegante de decir machista) en el que se escribió (según ella); es decir, **un lenguaje que desprecia a las mujeres;** con el fin (loable, sin duda) de escribirla en un nuevo lenguaje (recién parido para la ocasión) en el que haya (dice sin despeinarse y orgullosa de ello) **igualdad entre hombres y mujeres** [expresión cuyo significado **exacto** es: **igualdad entre varones y unas bestias (los no hombres, los no humanos) llamadas mujeres**]. Esta política gobernante (no gobernanta) es tan ignorante (no ignoranta) que no sabe que una mujer es tan hombre (humano) como un varón, ni más ni menos: ¿tampoco había parvulario en su pueblo? Dos preguntas: **¿por qué las mujeres siguen aceptando, resignadamente, que el varón se haya apropiado, en exclusiva, del nombre de hombre? ¿por qué las mujeres aceptan esa suprema ofensa por parte del varón (y, lo que es peor, de las mujeres que se hacen llamar feministas)?**

Dicen que el lenguaje actual es ofensivo para las mujeres, porque al decir compañeros, por ejemplo, se incluye a los varones y a las mujeres. Entiendo que quienes deberíamos sentirnos ofendidos somos los varones, ya que las mujeres tienen un nombre **exclusivo** para ellas (compañeras), mientras que, a nosotros, los pobres varones, no meten con las mujeres (y con otros grupos, que enseguida veremos), en **un montón indiferenciado,** una especie de **cajón de sastre:** y no me parece justo, porque **nosotros somos muy nuestros, y estamos contentos con nuestras cosas (perdón, que cosa es palabra de género femenino, con nuestros miembros).** Y, puestos a reclamar, digo yo, **¿por qué tenemos que hablar con palabras?** que lo hagan las mujeres; yo, como varón, **reclamo hablar con palabros** (sin que este palabro tenga sentido peyorativo). Al escribir estas palabras me doy cuenta de que **lengua** es palabra femenina, mientras que **lenguaje** es palabra masculina: **¡vaya panda de chapuceros que están hechos los lingüistas! ¡que los echen de la RAE!**

Veamos. Solo conozco una lengua que tenga tres géneros para las palabras (masculino, femenino, y neutro): **el griego.** La mayoría de las demás lenguas se apañan con dos (el masculino y el femenino): y esto tiene **su fundamento y razón de ser.** De toda la vida (con alguna curiosa excepción) las hembras de todos los animales se dedican al cuidado de las crías (palabra femenina que engloba a todos sus miembros: machos o hembras. ¡Será posible!). En el hombre, que como se sabe (y esto no tiene remedio) es mamífero, resulta que, desde muchos milenios antes de que Viriato jugase a los bolindres (palabra de género masculino), o canicas (palabra de género femenino), quienes tenían que **amamantar, criar, y cuidar** a los hijos (palabra de género masculino) o crías (palabra de género femenino) eran las mujeres (las hembras humanas) mientras que los varones (los machos humanos) tenían que **cazar** animales peligrosísimos (los varones también tenemos derecho a presumir de que nos jugábamos la vida en tal empeño, así que menos criticarnos a todas horas, que también tenemos nuestro corazoncito): obviamente, **esto no es machismo, ni discriminación, esto es naturaleza** (recuerden a García Lorca: ¡que soy amor, que soy naturaleza!); el varón no puede amamantar, ni la mujer es el animal idóneo para dedicarse a la caza o a la lucha (aunque si es necesario ahí están la extremeña Inés Suárez, la gallega María Pita, y la catalana Agustina de Aragón, y otras muchas ínclitas españolas).

Desde aquellos **montones y montones de milenios** en que los hombres iban por el mundo (machista por masculino), o por la vida (hembrista, por femenina) como sus madres los trajo al mundo (enseñando las vergüenzas, sin vergüenza alguna, los muy sinvergüenzas), resulta que la mujer se pasaba la mayor parte del tiempo en casa (recuerdan aquello de *«la mujer en casa y con la pata quebrada»),* mientras que **los varones,** primero, **se dedicaban** a cazar (el oficio más antiguo del varón), porque comer es lo básico, y después, a **otros oficios** (guerrero, agricultor, marinero, minero, pescador, herrero, ingeniero, científico, pintor, etc.). Resumiendo, y para no aburrir al lector, **la inmensa** mayoría de las tareas (palabra de género femenino), **oficios y**

profesiones (palabras de género masculino), **los realizaban los varones:** de ahí que **la inmensa mayoría de las palabras a ellos referidos sean de género masculino** (sin que en ello hubiera habido la más mínima intención de ofender a las mujeres: obviamente, **estas no se sentían ofendidas por no ser carniceros,** por ejemplo, más bien les entraría la risa).

**A LOS OBSESIONADOS con REMEDIAR LO IRREMEDIABLE
(EL GÉNERO MASCULINO INCLUSIVO)
les viene como anillo al dedo aquello de que
«CUANDO EL DEDO SEÑALA A LA LUNA,
EL TONTO SE FIJA EN EL DEDO»**

A ver si se enteran de una puñetera vez de que:

**LO QUE DISCRIMINA, Y DAÑA, A LAS MUJERES
NO ES «EL DEDO», EL GÉNERO MASCULINO INCLUSIVO:
espectadores, que incluye a espectadores y a espectadoras,
invitados, que incluye a invitados y a invitadas
(esto a las mujeres les ha importado un comino toda la vida),
sino
«LA LUNA», a saber:
los puñetazos que LES PEGAN,
las puñaladas que LES PEGAN,
los disparos que LES PEGAN,
los salarios que LES PAGAN,
las ablaciones del clítoris que LES HACEN,
las violaciones individuales que LES HACEN,
las violaciones grupales que LES HACEN,
los secuestros para prostíbulos y harenes que LES HACEN, etc.**

El hecho (que no se puede cambiar) es que llevamos miles de años usando lenguas con dos géneros [uno de ellos, **el masculino,** operando como género **inclusivo** (que **no neutro,** que nunca lo fue)], y dados **los hechos**

(que no se pueden cambiar) de la historia, con los varones acaparando todos los oficios, y nombrándolos con nombres masculinos (sin que fuesen ni se sintieran machistas por ello), sucede que, en el siglo XXI, la realidad lingüista **ya no tiene vuelta atrás:**

**NO CABE UN COITUS INTERRUPTUS LINGÜÍSTICO
(A LO HECHO PECHO. ¡NO FASTIDIEN, COÑO!
AHORA QUE ESTAMOS CULMINANDO
LA MARAVILLOSA OBRA AMATORIO-LINGÜÍSTICA)**

---

ni admite soluciones estúpidas:

**NO SE SOLUCIONA LA CUESTIÓN (QUE NO PROBLEMA)
CON ESTÚPIDOS PAÑOS CALIENTES.
LA OPCIÓN PLANTEADA ES INSOPORTABLE:**

Tontos y tontas, borregos y borregas, compañeros y compañeras, carniceros y carniceras, pescadores y pescadoras, fruteros y fruteras, parlamentarios y parlamentarias, mentirosos y mentirosas, guapos y guapas, bomberos y bomberas, mastuerzos y mastuerzas, etc.:

ASÍ NO HAY DIOS QUE HAGA UNA CRÓNICA O UN INFORME

(Y NO TERMINA AQUÍ LA CUESTIÓN: LA JUERGA SIGUE)

A todos se les olvida que hay **profesiones, cualidades,** etc. que se las mencionan con palabras con **terminación femenina** (artista, deportista, ciclista, tenista, motorista, baloncestista, cura, idiota, gilipollas) que son **tan inclusivas como las de terminación masculina** (no lo olvidemos); y **nunca jamás he visto a ningún varón que se haya sentido ofendido por ello.** Nunca vi a Fernando Fernán Gómez reclamar el nombre genérico de artisto. Federico Martín Bahamontes acaba de cumplir 90 años pocos días antes de escribir estas líneas, y jamás oí que reclamara el nombre genérico de deportisto, ni específico de ciclisto para su profesión, ni que se sintiera ofendido, porque la gente pudiera pensar que era un invertido (nombre de la época para designar a los homosexuales); y (sirva como homenaje a aquellos extraordinarios deportistas creadores de la afición a sus respectivos y maravillosos deportes) lo mismo se puede decir del ciclista Miguel Poblet, de tenistas como Manolo Santana o Andrés Gimeno, de motociclistas como Ángel Nieto, de baloncestistas como Emiliano Rodríguez, o Francesc "Nino" Buscató; etc. Por supuesto lo mismo se puede decir de los deportistas modernos (que no cito para no dejarme algunos en el tintero).

La ministra, universalmente conocida como **«la miembra»,** dijo que cuando una mujer diera a luz, no se debía decir que había tenido un niño, porque niño es una palabra de género masculino y solo era apropiada si el descendiente era de sexo masculino, pero no cuando el descendiente (perdón, la descendienta, fuese de sexo femenino). Su solución era decir que la mujer había tenido una **criatura;** entonces me dije, ¡qué poco piensa esta miembra! ¿qué pasa si la criatura es de sexo masculino? Pues que, siguiendo su estúpido razonamiento, habría que llamarlo criaturo (para que no se ofendieran sus parientes: los pobres neonatos no pueden decir ni mu).

Generalizando lo que hemos visto del sexo, podemos decir que (prescindiendo de los casos extraordinarios, como los hermafroditas, etc.).

TODAS LAS MUJERES
(las mujeres primero: ¡ha visto qué elegantes somos los varones!)
son HOMBRES (no hombras), criaturas, y personas; y
TODOS LOS VARONES
son hombres, CRIATURAS (no criaturos) y
PERSONAS (no personos).

ANTE ESTE DESBARAJUSTE DE GÉNERO:
¿QUÉ HACEMOS? ¿NOS PEGAMOS UN TIRO?
(¡¡¡NO!!! coño (perdón, vulva), que se acabaría la Humanidad,
y mejor o peor, se va tirando)

En cuestiones de sexo, los **ignorantes soberbios** (insisto: no los ignorantes a secas), cuando quieren solucionar la cuestión, en su infinita torpeza,

la estropean. Veamos cómo. Hasta hace poco, los hombres (no se enfade, mujer, diga personas, y le prometo que yo no me enfadaré) distinguían entre **heterosexuales** y **homosexuales** (que han sufrido, y, a pesar de lo que se diga, siguen sufriendo, lo que no está escrito en los libros, porque hay mucha maldad suelta por el mundo). Entonces los enemigos del lenguaje inclusivo **que saben perfectamente que,** además, de los mencionados grupos sexuales, hay otros, como **bisexuales, transexuales,** e **intertextuales** (hay **más grupos,** pero **no los incluyo** por algo que enseguida diré). Hace unos días se ha celebrado en Madrid el **«Día del orgullo»** (luego me referiré al nombre), y en uno de los pregones que se echaron esa semana, salió una mujer que, no teniendo nada mejor que decir, se refirió a **«todas», «todos»,** y (en un alarde de estúpida creatividad dijo, lo que a los pocos días repitió nuestra alcaldesa) **«todes»:** en su infinita ignorancia, no se dieron cuenta de que **estaban insultando a todos los bisexuales, transexuales, e intersexuales** (metiéndolos **a todos** en un **vejatorio grupo residual inclusivo:** justo **eso que dicen que quieren eliminar**). Veamos.

Tenemos **cinco vocales** (a, e, i, o, u: por si algún despistado se le ha olvidado); y **cinco grupos sexuales** (hetero, homo, bi, trans, e inter: por simplificar los nombres). Las mujeres heterosexuales se han apropiado de la terminación en a (todas), pero eso es injusto porque las mujeres homosexuales también quieren la a para ellas; los varones heterosexuales se han apropiado de la terminación en o (todos), pero eso es injusto porque los varones homosexuales también quieren la o para ellos; veremos cómo solucionar este problema; quedan tres grupos y tres vocales; por mi cuenta y riesgo, y por razones que no voy a explicar, atribuí a los transexuales, la terminación en u, y a los intersexuales, la terminación en i, y, por exclusión, a los bisexuales, la terminación en e. De esta forma ya tienen el juego completo (excluidos los restantes grupos, por falta de vocales: para incluirlos tendríamos que utilizar **dos vocales**). Según este criterio, para no tratar **despreciativamente** a ningún grupo (metiéndolo en un **grupo residual, repugnantemente inclusivo:** algo así como **los superraritos**) habría que decir (pongo en primer lugar a los heterosexuales, no por privilegio, sino por la sencilla razón de que sin ellos no habría Humanidad):

> **TODAS (las mujeres heterosexuales),**
> **TODOS (los varones heterosexuales),**
> **TODAAS (laas mujeres homosexuales),**
> **TODOOS (loos varones homosexuales),**
> **TODES (les bisexuales),**
> **TODUS (lus transexuales), y**
> **TODIS (lis intersexuales)**

Al ver este cuadro, resulta harto evidente que, por poca capacidad de observación que se tenga, **los tres últimos grupos** son, desde el punto de vista lingüístico, **repugnantemente discriminatorios.** la aplastante mayoría heterosexual y homosexual aplasta a los demás grupos sexuales. La razón salta a la vista, las mujeres y los varones, heterosexuales u homosexuales, tienen cuatro grupos (dos letras) para ellos solos (dos para las mujeres y otros para los varones); en cambio las mujeres bisexuales y los varones bisexuales están todos **incluidos** en un mismo grupo (¡malditos fascistas!); las mujeres transexuales y los varones transexuales están todos **incluidos** en un mismo grupo (¡malditos fascistas!); y las mujeres intersexuales y los varones intersexuales están todos **incluidos** en el mismo grupo (¡malditos fascistas!). Cabe preguntar, **¿qué razón puede justificar que los heterosexuales y homosexuales pueden discriminar a los restantes grupos?** Respuesta: **ninguna,** esto es **puro fascismo lingüístico.**

Como **las vocales se han acabado,** si queremos hacer **LO MISMO** con los no heterosexuales ni homosexuales (ya que son **IGUALMENTE DIGNOS:** aunque esto, **siempre, se les olvida** a los que dicen defenderlos), tendremos que emplear **dos vocales** para los nombres, artículos, adjetivos, etc. correspondientes (con este criterio ya podemos incluir a los grupos sexuales super minoritarios: aunque aquí prescindo de ellos, ruego que me perdonen). El resultado de la definitiva (aunque parcial) clasificación de grupos sexuales, queda así:

> **TODAS** (las mujeres heterosexuales),
> **TODOS** (los varones heterosexuales),
> **TODAAS** (laas mujeres homosexuales),
> **TODOOS** (loos varones homosexuales),
> **TODAES** o **TODEAS** (laes, o leas, mujeres bisexuales),
> **TODOES** o **TODEOS** (loes, o leos, varones bisexuales),
> **TODAUS** o **TODUAS** (laus, o luas, mujeres transexuales),
> **TODOUS** o **TODUOS** (lous, o luos, varones transexuales),
> **TODAIS** o **TODIAS** (lais, o lias, mujeres intersexuales), y
> **TODOIS** o **TODIOS** (lois, o lios, varones intersexuales),
> **(Y NEBRIJA SIN ENTERARSE)**
>
> **¡ALBRICIAS! DE UNA TACADA**
> **ACABAMOS CON EL REPUGNANTE LENGUAJE INCLUSIVO,**
> **Y BATIMOS LA PLUSMARCA MUNDIAL DE**
> **ESTUPIDEZ LINGÜÍSTICA**
> **(¿se puede pedir más?)**

Por favor, por el amor de dios, os lo pido de rodillas:

> **Señoras y señores:**
> **DEJEN DE CAGARSE ENCIMA DE LA LENGUA,**
> **que no es un inodoro PARTICULAR sino un instrumento**
> **PÚBLICO, que sirve para la COMUNICACIÓN entre los hombres**

En este momento cabe hacerse una pregunta, **¿a qué se debe tanta ignorante y vejatoria palabrería?** La respuesta es muy simple (y no es una broma): hay **mucho tonto suelto por el mundo.** No se metan conmigo que esto es más viejo que el comer, ya lo han dicho, entre otros muchos, ínclitas personas, como Gracián *(Son tontos todos los que lo parecen y la metad de los que no lo parecen. Alzose con el mundo la necedad, ...)* y Einstein *(Hay dos infinitos: el universo y la estupidez).* Así que tranquís, que tengo buenas protecciones defensivas.

Alguna vez me han dicho: de acuerdo, son tontos, pero no son malas personas. Pero esto, que solo es parcialmente verdadero, resulta que **no es un alivio;** recuerden aquello de que *«El camino del infierno está empedrado de buenas intenciones».* Yo me percaté de esto cuando leí a Ortega en «La rebelión de las masas»: «... *el tondo es vitalicio y sin poros. Por eso decía Anatole France que **un necio es mucho más funesto que un malvado.** Porque **el malvado descansa algunas veces; el necio jamás».***

Veámoslo con **ejemplos prácticos.** No he conocido en toda mi vida a ninguna mujer que se hubiese sentido ofendida al oír que en el teatro había muchos espectadores, y que hubiese sentido la necesidad de oír **espectadores y espectadoras** (o al revés). No he conocido en toda mi vida a ninguna mujer que se hubiese sentido ofendida al oír que en la boda había muchos invitados, y que hubiese sentido la necesidad de oír **invitados e invitadas** (o al revés). No he conocido en toda mi vida a ningún varón que se hubiese sentido ofendido al oír que en la piscina había muchos bañistas, y que hubiese sentido la necesidad de oír **bañistas y bañistos** (o al revés: claro que, aunque la hubiese sentido, se habría tenido que aguantar porque no existe tal palabro). No he conocido en toda mi vida a ningún varón que se hubiese sentido ofendido al oír que en la playa había muchos nudistas, y que hubiese sentido la necesidad de oír **nudistas y nudistos** (o al revés: ídem bañistas).

Cabe preguntarse: **¿entonces a que viene ahora tanta estupidez, sobre todo femenina?** ya lo he dicho a que hay muchas personas tontas que **no tienen nada que aportar a la sociedad (esto es la clave),** y para **ocultar su incapacidad** se dedican a **aparentar** que se preocupan mucho por la dignidad de las mujeres; cuando resulta que a lo que realmente se dedican es a vejarlas, catalogándolas de bestias, al negar su condición humana (hombre no es parecido a humano, hombre no es igual a humano: hombre es **idéntico** a humano). **Así de simple.**

6. LA PUREZA

Dejemos a **los tontos,** tratando de recuperarse de su **enfermedad mental,** y vayamos con **los acomplejados malvados** (no todos los acomplejados son malvados) que no se van a curar de su **enfermedad ética.**

De entrada, para evitar que el lector se confunda, he de advertirle de

La imperiosa necesidad de DISTINGUIR entre CORRECCIÓN en el uso de una lengua y PUREZA de una lengua

Una vez, hablando de estas cuestiones con una persona acomplejada, aunque no malvada, que me conocía poco; me miró extrañada y me dijo: **¿tú no serás un purista?** Santo cielo, pensé (aunque no se lo dije, porque soy muy bueno), **¿cómo puede llegar tan lejos esa maligna mezcla de ignorancia y estupidez de los acomplejados?**

Tuve que explicarle que, a mí, la pureza de mi lengua me preocupa bien poco; y que, **afortunadamente,** podemos decir que **la lengua española es la más impura del mundo** (y, salvo nuestro ínclito eusquera, con algo menos de impureza, aunque también las tiene, las demás lenguas de España: gallego, catalán y valenciano): ninguna lengua europea tiene más de 4.000 palabra de origen árabe (8 siglos de convivencia, violenta o pacífica, dan para mucho): dormimos muy bien poniendo nuestra cabeza encima de **una almohada,** por ejemplo. No querías caldo, pues tomas tres tazas de impureza.

El latín, nuestro ínclito latín, se puso morado de tomar palabras del griego, demostrando los latinos ser gloriosamente razonables. Vayámonos ahora, no lejos en el tiempo, sino lejos en el espacio. Cuando despegamos la cabeza de la almohada, porque ha sonado el despertador, y, después (o antes) de desayunar nos vamos al baño; resulta que algún(os) día(s) de la semana nos lavamos el pelo de la cabeza. Antiguamente se hacía con un jabón normal; pero modernamente lo hacemos con **champú.** Y héteme aquí **una palabra doblemente impura** (la muy promiscua): de la lengua india, los británicos tomaron la palabra *chāmpnā,* que significa sobar (pero no en nuestra 9ª acepción: dormir). A los británicos les pareció una palabra rara y la adaptaron a sus normas lingüísticas, creando la palabra *shampoo* (leído, más o menos, champú; ya saben que esta gente es muy rara: escribe de una manera y leen de otra). Y nosotros, que tenemos **la fonética más simple del mundo:** una ventaja (universalmente reconocida) para el manejo y el aprendizaje del idioma, pues nos permite escribir como se lee (o leer como se escribe), dijimos (me apunto al carro, aunque yo no estaba en allí): pues si se dice champú, escribamos champú y santas pascuas. He aquí un **ejemplo**

moderno de correcta (porque se escribe como se lee) **impureza** (porque no teníamos la palabra específica y la tomamos de otra lengua) **lingüística.**

Cuando las compañías gringas de aviación empezaron a poner personal (al principio solo femenino, después de cualquier sexo: sexo, no género), llamaron a esas trabajadoras stewarness, leído, más o menos, stiguarnis (que raritos son), que, en náutica, significa camarera. En esa tesitura, hubo alguien, culto (no un tuercebotas acomplejado) que rechazó el estiguarnis, por innecesario: bastó recuperar la vieja palabra **azafata** (y la correspondiente palabra de género masculina), y resuelto el problema (ahora tenemos azafatas y azafatos, tan ricamente). He aquí un ejemplo moderno de **correcta pureza lingüística.**

Resumamos. El criterio a la hora de **incorporar una palabra nueva** es muy simple:

> **BIENVENIDA LA IMPUREZA SIEMPRE QUE
> NO TENGAMOS (O NO CREEMOS) PALABRA PROPIA**
>
> **MALVENIDA LA IMPUREZA SIEMPRE QUE
> TENGAMOS (O CREEMOS) PALABRA PROPIA**
>
> **MALVENIDA SIEMPRE LA INCORRECCIÓN**

Y el criterio ante **la ofensa lingüística recibida** es también muy simple:

> **TODO HOMBRE DE BIEN
> [vale: todo hombre de bieno y toda persona de biena (≠ Viena)]
> HA DE RECHAZAR SIEMPRE
> LA INCORRECCIÓN Y LA INJUSTIFICADA IMPUREZA
> DE CUALQUIER IDIOMA
> (pues cualquier idioma es un glorioso patrimonio de la Humanidad)**

Un último consejo para los valientes (vale, y las valientas: me estoy volviendo un flojo), para cuando se enfrente a algún componente (o componenta: me veo, por momentos, en la cumbre de la flojedad) de esa **caterva de acomplejados** que, no teniendo nada mejor que hacer en la vida (repito, que esta es la clave), **para aparentar valía personal** (que no tienen, y saben que nunca tendrán), se dedican a **prostituir el idioma** (advertencia: el acomplejamiento es una enfermedad de crecimiento exponencial, por eso ahora hay tanto acomplejado):

ATAQUE RECIBIDO:
ERES UN PURISTA, MACHISTA, FASCISTA

RESPUESTA EN PERFECTO, PURO Y CLARO
ROMÁN PALADINO:
En todo caso (si es usted varón), sería un puristo, machisto, fascisto,
analfabeto(a) desfasado,
Y TÚ ERES UN ACOMPLEJADO(A) MALVADO(A)
(el pisoteo del lenguaje es un buen estimador estadístico de maldad:
llevo decenios comprobándolo)

Muchas veces cuando hablas con alguno de estos acomplejados de referencia, te dicen que con su (estúpido) criterio relativo a léxico (vale: vocabulario, para que lo entiendan), la lengua (la de la boca, no, hombre) **mejora, progresa, y evoluciona.** Respuesta: **¡y una leche!** (¿lo entenderán o la buscarán para bebérsela?). De un lado, el léxico mejora, progresa, cuando se **incorporan** nuevas palabras correctas (puras o impuras), no cuando **se sustituyen** palabras propias por otras ajenas (lo que suelen hacer los …). Pero, lo más insoportable es tener que oír que un objeto conceptual (el léxico) **evoluciona.** Recuerde que empezamos hablando de los dos ámbitos ontológicos: el real y el conceptual; y que las propiedades de un ámbito no se pueden extender a los objetos del otro. Estos ignorantes acomplejados creen que el léxico es como uno de los galápagos que vio Darwin en las islas Galápagos. **¡ostias!** (sin hache para distinguirla de la de los curas) **¡No puedo más!**

**RUEGO ENCARECIDO AL GOBIERNO:
ES DE URGENTE NECESIDAD LA CONSTRUCCIÓN DE MU-
CHOS PARVULARIOS,
Y REANUDAR AQUELLAS GLORIOSAS
MISIONES PEDAGÓGICAS DE 1.931**

Años después de este escrito mío, una dama, miembro de la Pseudoacade-
mia de la Lengua, hizo (supongo) una simple regla de tres, y pensó que si ella
(la suprema autoridad de la lengua española) dice **todas, todos, y todes,** hay
que decir **señoras, señoros, y señores;** y, en efecto, repudió las protestas de
los agricultores y ganaderos de febrero de 2.024, porque allí solo había **señoros**
con barba y calvicie, y no señoras. Y, después, se fue a comer, tan ricamente.

Veamos cómo ven esta cuestión los humoristas gráficos.

— **Andrés Rábago (El Roto):**

– **Flavita Banana:**

Antes hemos visto lo que se puede hacer con **las cinco vocales** para referirse a (casi) todas las variantes sexuales. Obviamente, no podemos utilizar ninguna vocal para referirnos a **todas** las variantes juntas (sin que se moleste ninguna de ellas), por lo que Flabita Banana se ha inventado una **impronunciable solución:**

Capítulo III

Sufijo pisoteado

1. INTRODUCCIÓN

Siguiendo por esta senda del género de las palabras, nos vamos a topar con **la joya de la corona en el ámbito de lo conceptual;** y es que en un alarde de creatividad lingüística se ha llegado a atribuir género a las palabras que no tienen género: propiedades, funciones, sufijos, etc.

2. PRIMER APERITIVO: PROPIEDAD (MEMBRESÍA)

Es universalmente conocido el caso de aquella ministra de Zapatero, Bibiana Aido, que llegó a atribuir género a una propiedad como la membresía: con aquella genial innovación lingüista de *miembros y miembras:* ¿no había parvulario en su pueblo?

3. SEGUNDO APERITIVO: FUNCIÓN (PORTAVOCÍA)

Andando el tiempo, con el fin de **actualizar la innovación lingüista,** la ministra podemita de Sánchez, Irene Montero, olvidándose (suponiendo que lo supiera) que la palabra voz es de género femenino (quizás confundida porque la terminación es neutra), se permitió el lujo de atribuir género gramatical a una función, escupiéndonos en la cara aquello de *«portavoces y portavozas»* (¿tampoco había parvulario en su pueblo?). Y cuando le hicieron ver el descomunal disparate que había dicho, no se amilanó, sino que respondió con una increíble y estúpida soberbia, *«la RAE tiene mucho que aprender»* (pero no de física cuántica, sino de lengua): ¡santo cielo!

4. EL PLATO FUERTE: SUFIJO (NTE)

El error de atribuir género al **sufijo–nte** (ente, ante, iente, yente) con el que se forman adjetivos a partir de los verbos, también es relativamente frecuente. Según la RAE, el sufijo –nte *"1. suf. Forma adjetivos deverbales, llamados tradicionalmente participios activos. Toma la forma -ante cuando el verbo base es de la primera conjugación, -ente o -iente, si es de la segunda o tercera. Significa 'que ejecuta la acción expresada por la base'. Agobiante, veraneante, absorbente, dirigente, dependiente, crujiente. Muchos de estos adjetivos suelen sustantivarse, y algunos se han lexicalizado como sustantivos y han generado, a veces, una forma femenina en -nta. Dirigente, dependiente, dependienta".*

Si uno se acerca a la Plaza de la catedral de Oviedo, se encontrará con una estatua de Ana Ozores, la protagonista de la inmortal novela, de **coloquial**

nombre, de Leopoldo Alas, "Clarín", *La regenta*. En efecto, Ana Ozores era **la esposa** del **regente** de la Audiencia. Hace unos años, estuve trabajando en casa un sábado por la tarde hasta pasadas las 9 de la noche; después me puse a cenar, y picoteé en la tele a ver que había; entonces en una cadena en la que estaban echando una tertulia política, aparece una periodista, claramente feminista, que mostró un vídeo, o como, con mejor criterio lingüístico, dicen en Hispanoamérica, video, en el que aparecía un político de extrema derecha, que, refiriéndose a la persona que preside la Comunidad, dijo **"la presidente"**, y lo dijo cuatro o cinco veces, creo que con intención de llamar la atención, y lo consiguió; entonces la periodista comentaba la "ignorancia" del político, que no sabía que la palabra presidenta, estaba aceptada por la RAE, nada menos que desde 1.803; los contertulios de izquierda echaron más leña al fuego, y los de derecha, se callaron, al no saber qué decir; me asombré de que todos los contertulios, de derechas y de izquierda, y de los cuatro puntos cardinales, fueran tan ignorantes; claro que según ellos habría que decir ignorantes e ignorantas; y es que ninguno supo decir que, en efecto, la palabra presidenta está aceptada por la RAE, pero que solo como palabra **del lenguaje coloquial,** con el significado **exclusivo** de **esposa del presidente;** otras veces estas soluciones se hacen con sentido **irónico,** como cuando decimos de una mujer, menuda comercianta está hecha esta; y en estas estaba, asombrado de tanta arrogante ignorancia, cuando, al poco tiempo, me llamó un amigo, y se lo comenté; entonces él me puso un ejemplo jocoso; llega un varón a un restaurante de carretera, y le dice al camarero, buenas tardes, soy viajante sufriente y votante intrigante, y estoy impaciente por comer, porque tengo mucha prisa, así que, por favor tráigame un cocido; y le responde el camarero, pues lo siento, pero acaban de terminar de hacerlo, y la comida está muy caliente, por lo que se quemaría el paladar; así que tendrá que esperar un poquitín, pero no se preocupe, porque yo, que soy adolescente, estaré pendiente y vigilante, y en cuanto esté en su punto, se lo traigo; en cambio si llegara una mujer y le atiende una camarera, el relato sería este otro; buenas tardes, soy viajanta sufrienta y votanta intriganta, y estoy impacienta por comer, porque tengo mucha prisa, así que, por favor tráigame un cocido; y le responde la camarera, pues lo siento, pero acaban de terminar de hacerlo, y la comida está muy calienta, por lo que se quemaría el paladar; así que tendrá que esperar un poquitín, pero no se preocupe, porque yo, que soy adolescenta, estaré pendienta y vigilanta; así que esté tranquila que seré diligenta, y en cuanto esté en su punto, se lo traigo; pero, curiosidades de la vida, una amiga suya, como reacción a lo que he contado, le había enviado por el móvil un vídeo en el que aparecía una mejicana profesora de lengua explicando este error, y dando toda una lección acerca del sufijo ente, y sus variantes, ante, iente, yente; un participio activo, formado a partir de la desinencia verbal ens, –entis, cuyo ablativo es ente; y que sirve para expresar qué o quién realiza una acción; me lo reenvió y me hizo mucha gracia, porque además de referirse, textualmente, a los **"ignorantes políticos y comunicadores"**, al final de su disertación puso un ejemplo extraordinario para mostrar lo ridículo de tan ignorantes expresiones, decía "la pacienta era una estudianta, sufrienta, representanta e integranta independienta de las cantantas y también atacanta y la velaron en la capilla ardienta ahí existenta", podía haber añadido, ignoranta, pensanta, y, además, recordaba la profesora como los chilenos, demostrando un perfecto conocimiento del idioma español, llamaban a la señora Bachelet, presidente, no presidenta. Lo asombroso es que como representanta de los ignorantes políticos y comunicadores, aquella ignoranta periodista del programa, demostraba ser una feminista auténtica que se expresaba como una machista auténtica, al acusar de machismo falso a un machista auténtico, por una expresión feminista auténtica; y es que, por una vez y sin que sirva de precedente, aquel machista se expresaba con corrección gramatical y alabable feminismo, mientras que la mujer feminista se expresaba con incorrección gramatical y despreciable machismo, al **"degradar"** a la presidente de la Comunidad a mera **"esposa de"** algún presidente de algo.

Más adelante veremos un caso moderno de no uso del sufijo ente.

Sería históricamente interesante que, en Atenas, para hacer compañía a la **Academia de Platón**, el **Liceo de Aristóteles**, la **Estoa de Pisianacte [o Estoa poikilé (pintada)],** y otros ínclitos lugares, se erigiera la **Academia de las asesinas del género:** en la que solo pudieran entrar las ínclitas miembras del gremio de las portavozas de las estudiantas de lengua.

Capítulo IV

Preposición pisoteada

1. Introducción

Según la RAE, una preposición es *«1. f. Gram. Clase de palabras invariables cuyos elementos se caracterizan por introducir un término, generalmente nominal u oracional, con el que forman grupo sintáctico»*. Se distinguen 6 tipos de preposiciones: de lugar o espacio, de tiempo, de modo, de causa, de finalidad, y de instrumento. Las que aquí nos interesan ahora son las dos primeras.

2. Preposiciones de lugar o espacio

Vamos a meternos en un problema dicotómico. Veamos sus dos enfoques: teórico y práctico.

– **Enfoque teórico: las proposiciones a y en.**

Según la RAE, la preposición a *«4. prep. Indica la dirección que lleva o el término a que se encamina alguien o algo. Voy a Roma, a palacio. Estos libros van dirigidos a tu padre. U. en frs. elípticas imper. ¡A la cárcel!»*.

Y la preposición en *«1. prep. Denota en qué lugar, tiempo o modo se realiza lo expresado por el verbo a que se refiere. Pedro está en Madrid. Esto sucedió en Pascua. Tener en adobo.*

4. prep. Denota situación de tránsito. En prensa. En proyecto.

7. prep. Denota el término de algunos verbos de movimiento. Caer en un pozo. Entrar en casa».

– **Enfoque práctico: ir, llegar, y entrar (o pasar).**

Imaginemos a dos amigos que echan una apuesta, a ver quién llega antes a la muralla de su ciudad. En el momento en que empieza la carrera, ellos van a la muralla; y gana la carrera el que primero **llega a** ella (siendo el criterio para saber si ha llegado, el tocar la muralla). Si estuviésemos en una carrera de 100 metros lisos (por ejemplo), y la meta no fuese algo sólido, sino una imperceptible línea, que para hacerla perceptible se pusiese una cinta, que al tocarla el ganador se adelantaba y quedaba probado que era el primero en llegar a ella (modernamente esto se hace con una foto final).

Imaginemos ahora que los dos amigos apuestan a ver quién entra antes en la ciudad por la puerta de la misma. Gana la carrera el que primero **entre en** la ciudad (siendo el criterio para saber si ha entrado, el pasar, completamente, la puerta). Obsérvese que un corredor puede pasar parcialmente la franja delimitadora de la puerta (con lo que podría decir que es el primero que ha llegado a la muralla), y, sin embargo, no ganar la carrera, porque, agotado, cae rendido sin atravesarla por completo; mientras que el amigo, que llegó más tarde, la pasa antes de forma completa, y gana la carrera. Algo similar sucede en el fútbol, que para que haya gol, el balón ha de pasar completamente la franja que delimita la portería.

Tras lo dicho podemos ver el disparate (cada vez más frecuente, incluso entre escritores famosos) que significa decir que alguien ha entrado a casa, al jardín, al tren, etc. Pues no: **se va a (dirección)** casa, jardín, metro, etc., pero **se entra en (lugar)** casa, jardín, metro, etc. Se sabe cómo se entra en casa (no hace falta explicarlo), pero ¿cómo se entra a casa?

3. Preposiciones de tiempo

En mi libro *La sabiduría al desnudo. IV Los fundamentos* se dice lo siguiente: **«Ejemplo 4 de error sintáctico (instante-período).**

Una vez le preguntaron a una persona qué cuando llegaba el avión, y contestó: *llegará en una hora*. **Milagro habemus,** me dije. El **momento (instante)** en que un avión aterriza en un aeropuerto se puede tomar cuando posa las ruedas traseras, cuando posa la rueda delantera, o cuando para; pero, cualquiera que sea la opción elegida, la llegada se produce en un instante determinado, tomado **con la exactitud** que permita **el cronómetro** utilizado (7:0; 7:02, 7:019; 7: 0188; 7:01877; etc.); **según la exactitud** con que se quiera hacer **la estimación,** se puede decir que llegará **antes de un tope máximo (antes de una hora:** equivalente al signo matemático <); **con un tope máximo (dentro de una hora:** equivalente al signo matemático ≤); **en un momento justo (a tal hora,** a las 7:05, **a las dos horas, o tras dos horas:** equivalente al signo matemático =); **con un tope mínimo (desde una hora en adelante:** equivalente al signo matemático ≥); o **después de un tope mínimo (a partir de una hora:** equivalente al signo matemático >); pero ¿cómo se puede hacer **el milagro** de que un avión esté **toda una santa hora,** no volando (que es habitual), sino **llegando** (¿a qué llaman llegar?). Lo habitual es fijar un **tope máximo** (que demuestra confianza en la estimación), y decir que el avión llegará **dentro de** una hora».

Capítulo V

Adverbio pisoteado

1. Introducción

Según la RAE, una adverbio es «*1. m. Gram. Clase de palabras cuyos elementos son invariables y tónicos, están dotados generalmente de significado léxico y modifican el significado de varias categorías, principalmente de un verbo, de un adjetivo, de una oración o de una palabra de la misma clase*».

Se distinguen 5 tipos de adverbios: de tiempo, de lugar, de modo, de cantidad, y de afirmación, negación, o duda. El que aquí nos interesa es el de lugar.

2. Adverbios de lugar

En mi libro *La sabiduría al desnudo. IV Los fundamentos* se dice lo siguiente:
«- **Ejemplo 1 de error sintáctico (adverbio–pronombre posesivo).**

Hay personas que, en vez de decir (correctamente): *fulano venía cerca (o detrás) de mí (o de nosotros),* dicen (incorrectamente): *fulano venía cerca (o detrás) mía (nuestra);* ignorando que cerca, y detrás, son **adverbios** *(Palabra invariable cuya función consiste en complementar la significación del verbo, de un adjetivo, de otro adverbio y de ciertas secuencias),* mientras que mía, y nuestra, son **pronombres** *(clase de palabras que hace las veces del nombre)* **posesivos** *(que denota posesión o pertenencia).* Es evidente que ni el cerca, ni el detrás, son propiedad de nadie (mía, o nuestra): los pronombres posesivos no complementan a los adverbios. Este es el error de los que llamo **propietarios de adverbios**».

Capítulo VI

Semántica pisoteada

1. INTRODUCCIÓN

Todo lo visto es *pecata minuta*, para lo que viene ahora. Dice Cicerón en *Sobre la naturaleza de los dioses. libro I*: «*Y es que muchos entendidos en las disciplinas griegas no podían comunicar a sus conciudadanos lo que había aprendido, **por desconfiar de que pusiera decirse en latín aquello que habían tomado de los griegos. Hemos progresado tanto** en este aspecto, según parece, que los griegos no podrían vencernos ni siquiera en riqueza de vocabulario*».

Sin duda, el vocabulario el español es muy amplio, pero, en su uso, hay deficiencias relevantes, como vamos a ver con algunos ejemplos.

En mi libro *La sabiduría al desnudo. IV Los fundamentos* se dice lo siguiente: «Parafraseando a los informáticos [*si basura* (datos) *metes* (en el ordenador), *basura sale*], podemos decir que si **basura (conceptos ambiguos:** vagos, difusos, confusos) metes (en la mente), basura sale.

Recordábamos en el tomo 3º **la exigencia de Sócrates (el padre de la racionalidad)** de tener **definiciones claras de los conceptos,** para **saber de qué hablamos,** y el poco caso que, en muchos casos, le han hecho muchos de los amantes de la sabiduría.

En efecto, está muy bien que creemos un **símbolo designativo** para un **concepto** determinado, pero **¿de qué sirve tener un símbolo designativo de un concepto, si no está claro qué significa ese concepto?** Si tenemos un **concepto ambiguo de caballo** podemos confundir un caballo con una jirafa o con un perro: y esto puede provocar situaciones embarazosas (en algún caso, podría llegar a provocar la muerte de quien maneje ese concepto ambiguo: no es lo mismo montarse en un caballo para huir del enemigo que montarse en un perro, por muy grande que sea).

Esto nos obliga a meternos en el campo de la **semántica** (del griego *semantikós,* significativo, lo que tiene significado): la disciplina que asigna **significado** a los **conceptos** (punto que veremos en este capítulo), y **verdad** a las **proposiciones** y a las **teorías** (punto que veremos en el capítulo 3º).

SEMÁNTICA:
asigna SIGNIFICADOS a los CONCEPTOS, y
VERDAD a las PROPOSICIONES y a las TEORÍAS

Antes de entrar en la semántica, lo primero que debemos hacer es **no confundir** la semántica con la **lexicografía,** que según la RAE es *"1. Técnica de componer léxicos o diccionarios. 2. Parte de la lingüística que se ocupa de los principios teóricos en que se basa la composición de diccionarios".*

Vimos en el tomo 3º que el **sistema semiótico** está formado por **los distintos hombres que emplean una colección de símbolos.** Pues bien, hay que distinguir **varios tipos de semánticas** (los nombres cambian según los autores): empírica y lógica (no empírica).

6. Contenido de la definición: el significado del concepto.

En el apartado 3 hemos dicho que la primera función de la **semántica** es **asignar significado a los conceptos,** mediante **la definición;** y que la definición es una **identidad** (establecida **por convención**) entre el **concepto a definir** *(definicendum)* y la **expresión definidora** *(definiens),* formada con los **conceptos definidores,** que **nos** permite **entender** un concepto, y **distinguirlo** de los demás.

Falta enlazar ambas afirmaciones, y ampliar nuestra definición del concepto de definición, añadiendo ahora que entender un concepto y distinguirlo de los demás, **se consigue,** precisamente, al **fijar y expone**r (con profundidad, rigor y claridad) el **significado** del mismo.

Cabe ahora preguntarse: **¿qué es el significado de un concepto?** Veamos. Para mejor entender el significado de la palabra significado, es importante **distinguir** entre la función de los símbolos y la función de los conceptos definidos.

– **Función de los símbolos: denotar o designar.**

Hay que diferenciar entre los símbolos denotativos y los signos designativos.

• **Denotar.**

Según vimos en el tomo 3º, es la función del **símbolo denotativo** [una **señal artificial** aprehensible por medio de los **sentidos** (nada de abstracciones), que de modo **mediato, convencional,** remite **a un objeto real (la realidad simbolizada denotativamente)**]: por ejemplo, un nombre toponímico, una bandera.

- **Designar.**

Según vimos en el tomo 3º, es la función del **símbolo designativo** [una **señal artificial** aprehensible por medio de los **sentidos** (nada de abstracciones), que de modo **mediato, convencional,** remite **a un objeto conceptual,** que, a su vez, remite **a un objeto material;** es decir, el signo designativo, **nombra, designa,** hace de **signo de** un objeto abstracto]; por ejemplo, la palabra caballo designa el concepto caballo; y los símbolos 7, o VII, designan el concepto número siete.

– **Función de los conceptos definidos: significar.**

Significar procede del latín *significāre,* compuesto de *signum,* signo, y *facēre,* hacer, y significa **hacer de signo (mental)** *(Dicho de una palabra o de una frase: Ser expresión o signo de una idea, de un pensamiento o de algo material)* **del objeto aprehendido (concebido).** Los dos aspectos relevantes en esta cuestión son: la forma de aprehensión, y la utilidad, de los símbolos y los conceptos.

- **Aprehensión de los símbolos, y los conceptos.**

La diferencia es clara: **los símbolos** se aprehenden por medio de **los sentidos (se perciben),** mientras que **los conceptos** se aprehenden por medio **de la mente (se conciben).**

- **Utilidad de los símbolos, las definiciones, y los conceptos.**

La diferencia también es clara: mientras que **los símbolos designativos** nos sirven para **manejar y comunicar los conceptos** designados; **las definiciones** nos permiten **entender los conceptos;** y **los conceptos (definidos)** nos sirven para **entender la realidad:** precisamente, porque **significan los objetos** de la realidad; es decir, **hacen de signos (mentales) de los objetos** de la realidad. Y es que **de esos objetos** de la realidad es de lo que **el hombre quiere decir algo;** por eso decía Juan de Valdés en *Diálogo de la lengua: "… solamente tengo cuidado de usar de vocablos que **signifiquen** bien lo que quiero dezir, y dígolo quanto más llanamente me es posible, porque a mi parecer en ninguna lengua stá bien el afectación".*

Podría haber alguna duda entre un símbolo denotativo y un concepto; pero la diferencia también es clara: los conceptos permiten **entender** algo, **conocer** algo, los símbolos denotativos permiten **identificar** algo. Si visitamos una ciudad y vemos un templo con un determinado símbolo religioso (símbolo denotativo de un objeto de esa religión) nos permite identificar el templo como perteneciente a una determinada religión (la denotada por el símbolo); pero eso no nos permite **entender** ninguna cuestión relativa al templo, no nos aporta **ningún conocimiento** de cuestiones arquitectónicas, artísticas, ceremoniales, religiosas, etc., de ese templo: para eso necesitamos conceptos.

Ahora, ya podemos enfrentarnos a nuestra pregunta: **¿qué es el significado de un concepto?** o, dicho de otra manera, **¿cómo se asigna significado a los conceptos?** Cuando sepamos responder a esta pregunta podremos hacer lo que quería Valdés: usar vocablos que **signifiquen bien** lo que se quiere decir.

Pues bien, **asignar un significado** a un concepto se hace asignándole un referente y un sentido; es decir, indicando **de qué** hablamos, **de qué** tratamos, **a qué** nos referimos **(referente);** y **qué** hablamos, **qué** decimos, **en qué sentido** hablamos del referente **(sentido).** En una teoría acerca de la velocidad del guepardo, el referente es el **guepardo,** y el sentido es la **velocidad.** Dos teorías pueden **compartir referente pero no sentido:** la teoría acerca de la velocidad del guepardo frente a la teoría de la tasa reproductora del guepardo; y pueden **compartir sentido pero no referente:** la teoría acerca de la velocidad del guepardo y la teoría acerca de la velocidad de la tortuga.

Llegados aquí, hay que diferenciar entre **proposiciones formales** (lógica, matemática, y estadística), que para transformar una idea en una proposición, exige que se hagan una serie de **especificaciones formales;** y las **proposiciones fácticas,** que exige que se desarrolle los ocho puntos siguientes: significado, relación, función, medición, cálculo, valor, posibilidad, y ponderación. En estos puntos está **la clave de nuestra razonabilidad o irrazonabilidad.**

– **Significación.**

Desde el primer tomo de este libro hemos venido diciendo que la **confusión conceptual,** o, peor aún, la **repugnante indiferencia** por el **significado** de las palabras, ha provocado más muertes que cualquier arma.

Sabemos que

EL HOMBRE ES EL ANIMAL QUE USA LA PALABRA
(Aristóteles)

y que

HOMBRE RACIONAL ES EL QUE USA BIEN LA PALABRA

pero resulta que

USAR BIEN LA PALABRA EXIGE RESPETAR SU SIGNIFICADO
(no decir sardina para referirnos a un caimán, por ejemplo)

Por esto considero que

EL PECADO BÁSICO DEL HOMBRE
(el que más muertes ha provocado a la Humanidad)
ES EL PECADO SEMÁNTICO DEL HOMBRE
(no respetar el significado de las palabras)

Veamos cómo Andrés Rábago (El Roto) refleja este pecado y sus consecuencias en dos viñetas. En la primera se ve el rostro de una persona con la lengua (de color rojo) cogida con un pequeño garfio y estirada para su mejor observación, acompañada del siguiente texto: *"(en la parte superior de la viñeta) DE TANTO RETORCER EL SENTIDO DE LAS PALABRAS (en la parte de debajo de la viñeta) … EN LAS LENGUAS SE FORMABAN CONTRACTURAS"*. En la segunda, en plano corto, se ve a un varón maduro con el rostro compungido, y la mano derecha puesta en la cabeza, que expresa **las consecuencias del retorcimiento del significado de las palabras,** con esta pregunta: *"¿DE QUÉ SIRVE PERSEGUIR LOS ESTUPEFACIENTES, SI FOMENTAN LOS ESTUPIDIZANTES"*.

Una de los hechos que más me han asombrado en mi vida, fue descubrir que esto que acabo de escribir, ya estaba dicho hace miles de años. En efecto, Tucídides lo dice muy claramente en *Historia de la guerra del Peloponeso: "… pero la guerra, que arrebata el bienestar de la vida cotidiana es una maestra severa y* **modela las inclinaciones de la mayoría** *de acuerdo* **con las circunstancias imperantes: ……. Cambiaron incluso el significado de las palabras** *en relación con los hechos,* **para adecuarlas a su interpretación de los mismos.** *La audacia irreflexiva* *pasó a ser considerada valor fundado en la lealtad al pórtico, la vacilación prudente se consideró cobardía disfrazada, la moderación, máscara para encubrir la falta de hombría, y la inteligencia capaz de entenderlo todo, incapacidad total para la acción; la precipitación alocada se asoció a la condición viril, y el tomar precauciones con vistas a la seguridad se tuvo por un bonito pretexto para eludir el peligro. El irascible era siempre digno de confianza, pero su oponente resultaba sospechoso. Si uno urdía una intriga y tenía éxito, era inteligente, y todavía era más hábil aquel que detectaba una; pero quien tomaba medidas para que no hubiera ninguna necesidad de intrigas, pasaba por destructor de la unidad del partido y por miedoso ante el adversario. En una palabra, era aplaudido quien adelantaba a otro en la ejecución del mal, e igualmente lo era el que impulsaba a ejecutar el mal a quien no tenía intención de hacerlo".*

Cuando pensamos o actuamos, basándonos en significados erróneos, o ambiguos, incurrimos en la **irrazonabilidad de significación;** sin duda **la más básica, extendida, y peligrosa de todas las irrazonabilidades**».

2. Semántica prostituida

De los varios ejemplos posibles, he seleccionado cuatro muy relevantes: encajar, escuchar, orgullo, y *versus.*

– **Encajar.**

Desde los tiempos de Pelayo, o quizás antes (no está muy claro este punto), **encajar** era lo que dice el diccionario de la RAE: «*1. tr. Meter algo, o parte de ello, dentro de otra cosa. Encajar la llave en la cerradura. U. t. c. intr*». Inicialmente los objetos se metían en cajas, de ahí el nombre (meter algo en, dentro, de una caja). Y, posteriormente se extendió a meter algo en cualquier otra cosa: tinajas, cerraduras, etc. Y, ya puestos, además de **encajes de bolillos** [una técnica de encaje textil, que consiste en entretejer (meter, encajar) hilos que están enrollados en unas bobinas, llamadas bolillos], los escritores hicieron **encajes metafóricos,** como este de Emilia Pardo Bazán en su inmortal obra *Los pazos de Ulloa:* «*Pues verán, verán como encontró con la horma de su zapato donde menos se lo pensaba. Era una noche en el Casino, y estaban jugando al tresillo. Castrelo se puso, como de costumbre, a espetar cuentos de caza... ¡mentira todos! Después de que se hartó, quiso encajar uno descomunal, y dijo así muy serio: ...».*

En estas estábamos, cuando, hace ya bastantes decenios, que algunos de nuestros periodistas deportivos, obraron un milagro. Se desconoce el motivo, pero lo cierto es que, un buen día decidieron darle la vuelta a la tortilla, y, por su cuenta y riesgo, y sin encomendarse a dios ni al diablo, que (en fútbol, solo en fútbol) encajar un gol, no es meterlo, sino que te lo metan. Y de paso les chafaron la gracia a aquellos que decían el chiste fácil de que *«no es lo mismo un guardameta que te la meta un guarda»*. Y digo yo, **¿quién les autorizó a semejante atropello lingüístico?**

— **Escuchar.**

Según la RAE, **oír** es *«1. tr. Percibir con el oído los sonidos».;* y **escuchar** es *«1. tr. Prestar atención a lo que se oye*

3. intr. Aplicar el oído para oír algo».

En mi libro *La sabiduría al desnudo. IV Los fundamentos* se dice lo siguiente:

«- Percepción.

Ya en el tomo 2º hablamos de la percepción como **operación cognitiva-constructiva-representativa** que realizamos al **encontrarnos** con algo material. Por lo que ahora nos afecta, hay que decir que esta percepción es una operación **involuntaria.** Si voy por la calle y giro mis ojos a un sitio en el que hay algo rojo, sin necesidad de mirar (**prestar atención** con el fin de ver), veré (percibiré) ese algo rojo (salvo que esté ciego); si voy por la calle y alguien está tocando música, sin necesidad de escuchar (**prestar atención** con el fin de oír), oiré (percibiré) esa música (salvo que esté sordo); pero ni lo visto ni lo oído, fue buscado (mirado, escuchado) por mí.

Centrándonos en los **cinco sentidos** principales, podemos observar que por medio de tres de ellos el sentiente entra en **contacto** con lo otro (el **tacto** y el **gusto** de forma **directa,** y el olfato de forma **indirecta**), mientras que por medio de los otros dos, la **vista** y el **oído** no hay tal contacto, sino una **relación** con lo otro, **ondas lumínicas** que nos informan de un objeto **externo** a nosotros, en el caso de la vista, u **ondas sonoras** emitidas por un objeto externo a nosotros (aunque también pueden partir de nuestro propio cuerpo): que puede verse o **no verse** (por eso **el oído es el sentido de la fe**).

Un buen día ya lejano me percaté del **hecho importante** de que para los sentidos del **tacto, gusto y olfato** existe **un solo verbo** para referirnos a la **acción** de tocar, saborear u oler, y para el **efecto** del tocar, saborear u oler; mientras que para los sentidos de la **vista** y el **oído** hay **dos verbos,** uno **activo: mirar y escuchar,** y otro **pasivo: ver y oír:** luego supe que las operaciones correspondientes a estos verbos activos y pasivos se desarrollan en distintas partes del cerebro (aunque conectadas).

Si relacionamos este hecho con los tres momentos del sentir de *Zubiri*, surge la siguiente pregunta: **¿cómo reacciona el hombre ante la fuerza de imposición de lo visto y lo oído?** Desde mi punto de vista, **dándole un calificativo** a lo sentido: distinto según que **nos llame la atención** o no (¡mira papá!); y en caso afirmativo, según que **nos resulte agradable** (¡qué bonito!), o **desagradable** (¡qué feo!). Consecuencia de esto son los tres conceptos siguientes, relacionados con la vista y el oído (aunque también aplicables a la semiótica):

BELLO: aquello que nos llama la atención y nos agrada
FEO: aquello que nos llama la atención y nos desagrada
INDIFERENTE: aquello que no nos llama la atención

Lo curioso es que esta definición ya estaba hecha en el diálogo platónico Ippias Mayor, en el que dice Sócrates: *"Lo bello amigo, es lo que produce placer por medio **del oído o de la vista**"*. Aunque más tarde Tomás de Aquino aplicó la belleza **solo a la vista:** *"Pulcrha enim dicuntur quae visa placent"*, es decir, *"Las cosas bellas son las cosas que parecían complacer"*».

Al cine se va **a ver** una película, **no a mirar** una película (salvo que se tenga una profesión ligada al cine: por ejemplo, iluminador); y a un auditorio se va **a oír** un concierto, **no a escuchar** un concierto (salvo, por ejemplo, el director de orquesta que está, todo el tiempo, escuchando con muchísima atención). Un ejemplo cinematográfico de lo que es escuchar es lo que hacía la actriz Chus Lampreave en alguna película de Pedro Almodóvar, ocultada por una cortina: arrimar el oído, poniendo mucha atención, con el fin de oír una conversación.

Emplear el verbo escuchar en lugar del verbo oír, es como una maldición, pues incurren en ella hasta los escritores y académicos. Pero como es muy perniciosa (¿cómo leer una novela policiaca si escuchar unas veces significa oír, y otras escuchar?), hay que seguir luchando hasta acabar con ella (luego veremos cómo). A tal efecto, veamos seguidamente algunos ejemplos de empleos correctos e incorrectos del verbo escuchar, a ver si aprenden **(los corchetes son míos).**

— *El faetonte,* de Calderón:
… **mucho escucho y nada oigo**

— *El golfo de las sirenas,* de Calderón
Escila: que
el oír es solo oír
y el escuchar, atender.

— *Casa de dos puertas mala es de guardar,* de Calderón:
. . . .
llegaban a mi confusas
las voces sin las palabras

. . . .
cuando no tiene el servir
otro gusto , otro placer
que escuchar para saber
y saber para decir,

. . . .

— *El maestro de danzar,* de Calderón:
Juana: ruido sentí en la escalera,
el oído a ella apliqué

— *Afectos de odio y amor,* de Calderón:
. . . .
y pues entre sí suspira,
quiero escuchar de más cerca

. . . .
bien decís,
si pudiera yo escuchar
todo eso que puedo oír.

— *Eneida. Libro II,* de Virgilio:
… **me pongo a escuchar** bien **atento el oído,** como cuando …

— *Espacio mínimo (homenaje a Jacques Roubnaud):* de Jenaro Talens:
Me despierto
de noche
oigo un
grito

es un grito
que escucho
antes de
despertar **[dormido nadie escucha: salvo como acción de un sueño].**

— Cuento *Casa tomada*, de Julio Cortazar:
A Irene le llamó la atención mi brusca manera de detenerme [ante el brusco ruido], *y vino a mi lado sin decir palabra.* **nos quedamos escuchando** [prestando atención (la esencia de la escucha): para tratar de oír bien] ***los ruidos*** [tanto la procedencia del ruido (pues no sabían de donde venía) como el contenido del mismo], ***notando claramente*** [oyendo claramente (efecto): el fruto de la acción realizada, la escucha (causa)] ***que eran de ese lado de la puerta de roble*** [primera aproximación a la (ignorada) procedencia], ***en la cocina y en el baño, o*** [la oída no es más exacta] ***en el pasillo mismo donde empezaba el*** ... [no da más especificaciones acerca del contenido del sonido].

— *Fantasmas y aparecidos en la edad media,* de Claude Lecouteux:
.... al ***escuchar para*** *ver si podía distinguir algunas palabras,* ***oyó*** *que bebían a la salud de Therstein el pescador de bacalao y sus compañeros*

— *Todo verdor perecerá,* de Eduardo Mallea:
... sintiéndose ***espía al escucharlos*** *sin ser vista,* ***oyó*** *al hombre mientras reconvenía, seco, a la mujer...*

— *Sobre héroes y tumbas,* de Ernesto Sábato:
... puso su oído contra *la puerta y* ***escuchó con ansiedad: no se oía nada,*** *...*
... siempre escuchando.
como no oyó nada nuevo, volvió *más tranquilo,* ***a poner la oreja sobre la puerta y, afinando su oído, trató de distinguir*** *el menor rumor o*
crujido sospechoso: ***no oyó nada, ahora.***

— La guerra de los mundos, de H. G. Wells:

... *me puse a escuchar,* de la pradera **solo se oía** el canto de la alondra.

....

... **nos detuvimos** una o dos veces **para escuchar.**

....

... *me escuchó al principio; pero* a medida que le hablaba, el interés que leía en sus ojos se fue cambiando en el extravío de antes ... y volvió la vista en otra dirección.

....

- sí, pero ¿qué es eso?
- ¡un marciano"
escuche de nuevo.
- *no se parece al ruido de* rayo ardiente....

....

... *aulló el perro y **fue este familiar ruido** el **que me hizo escuchar. oí entonces claramente** sordas detonaciones, como si ...*

....

... *oí* en la cocina curiosa serie de ruidos familiares, en los que **reconocí, al escuchar con atención,** los resoplidos y arañazos de un perro.
— Sueño eterno, de Raymond Chandler:
escuche con atención y oirá cómo me castañean los dientes.

....

... *y escuché. no se oía* voz alguna,...

....

— Asesino bajo la lluvia, de Raymond Chandler:
... *y escuché conteniendo la respiración.*
— El telón, de Raymond Chandler:
escuché y no oí ningún ruido procedente de la casa.
— El amante de la señora de Chaterley, de David Herbert Lawrence:
... *oyó un débil* golpeteo lejano a su derecha, *y se detuvo a escuchar.*

....

pero **notó que su atención estaba en otra parte, escuchando los** ruidos del exterior.

....

... *pero a las nueve y media se levantó **y se asomó a escuchar, no se oía nada.*** Se puso una bata y bajó.

— *Cinco semanas en globo,* de Julio Verne:

[con la vida en peligro]:

... a la menor alarma no dejes de despertarnos.

- duerme tranquilo.

el doctor, después de haber **escuchado de nuevo con la mayor atención, sin oír nada** *en particular, se echó sobre la manta y no tardó en dormirse.*

— *De la Tierra a la Luna,* de Julio Verne:

... **se lo dejó [al capital Nicholl] gritar y desgañitarse** *cuanto le diera la gana. ...* **se le oía, pero no se le escuchaba...**

— *Viaje al centro de la Tierra,* de Julio Verne:

- tú, Axel,, por más que miras, no ves; **pero si escuchas podrías oír**

— *La carabela española,* de Emilio Salgari:

Cada diez o doce minutos, el castellano **se detenía para escuchar con gran atención** *y tratar de ver por entre las hojas y las lianas que cubrían completamente los márgenes del río.*

....

... **¿no oís nada?**

- **absolutamente nada** *-repuso el español* **después de haber escuchado atentamente durante unos instantes.**

....

... **luego se pusieron a escuchar sin** *abandonar un solo momento sus fusiles.* **[porque a escuchar hay que ponerse: a oír, no].**

....

permaneció inmóvil durante un momento, **con el oído pegado al suelo,** *y* **oyó un ligero roce que** *la tierra transmitía con extraordinaria nitidez.*

— *Miguel Estrogoff I,* de Julio Verne:

estuvo acertado al escuchar, porque esto le proporcionó la ocasión de oír con bastante claridad la siguiente pregunta y la correspondiente respuesta, hechas en idioma tártaro.

....

a veces, deteníase un momento en algún recodo del camino para

dejar tomar aliento a su caballo, ..., pegaba el oído al suelo y escuchaba si algún ruido de galope se propagaba por la superficie de la estepa.

....

al cabo de un rato, ... parecíole oír un rumor confuso que procedía del oeste, algo así como el ruido de una cabalgata lejana galopando sobre la tierra seca.

no había duda; aquel ruido producíalo, una o dos verstas más atrás, cierta cadencia de pasos que herían con regularidad el suelo.

entonces aplicó la oreja a la orilla misma del camino y escuchó con mayor atención.

— En la canción *Clodomiro el Ñajo,* de Carlos Mejía Godoy, Los de Palacagüina, al entrar en la ferretería, el Ñajo le dice al ferretero:

Esto es lo que yo vengo a comprar
oíd, oíd.

y como el ferretero se enfadó porque no entendía el significado de la canción silbada por el Ñajo, este le dice

y yo qué culpa tengo si no entendés nada,
se lo voy a barajar despacito, al suave, al suave
***oíd* [justo aquí lo correcto abría sido decir escuchad (que pusiera atención, ya que no se había enterado)].**

— **Orgullo.**
Retomemos lo que dejamos pendiente de **«El día del orgullo»,** porque hay aquí un pecado semántico. Vaya por delante mi respeto por todas las personas, cualquiera que sea su inclinación sexual o cualquier otra característica. Pero esta expresión es un completo disparate que pone en claro la cobardía y la ignorancia lingüísticas (por ese orden) y, sobre todo, la maldad humana. Lo único bueno de esa expresión es que, por fin, muestra que han aprendido a no confundir orgullo con soberbia. Aparte de esto, de entrada, uno no siente **orgullo a secas,** eso es absurdo, uno siente **orgulloso por algo:** ¿por qué se oculta el hecho por el que dicen que sienten orgullo? Veamos estos tres puntos de menor a mayor importancia.

• **Cobardía lingüística.**
Para nombrar a los homosexuales masculinos, a lo largo de la historia, en todas las lenguas del mundo se han inventado infinidad de palabras: **todas son, o se han usado, de forma ofensiva.** Obviamente, esta situación había que quebrarla de una vez por todas. Según ciertos estudios, parece ser que la población mundial homosexual está próxima al 10 % de la población. Este porcentaje tiene una doble lectura; de una parte, es **el doble del porcentaje**

estadístico de significación (5 %), es decir, que, cuantitativamente, es mucho más que un grupito meramente residual; son un grupo humano con suficiente fuerza como para no acobardarse ante las ofensas recibidas; y, de otra, es **una clara minoría,** lo cual es motivo (que no razón) para que los humanos malvados (un porcentaje muy superior al 10 %) **alivien sus complejos (la peor y más frecuente enfermedad humana)** insultando a esta minoría de personas. En las naciones musulmanas, y otras más, directamente se los mata.

Dado que (en Occidente) el nombre de mujer por excelencia es María; y, los homosexuales masculinos desean sexualmente a los varones (igual que las mujeres heterosexuales), desde hace no sé cuánto tiempo, se les llama marica, marico (en algunas naciones de Hispanoamérica), marión, y maricón (el más común). Aunque, en principio, este nombre refleja una realidad evidente, y no debería tener una connotación peyorativa; **pero la tiene.** Prueba de ello es que no todos se atreven a decirlo públicamente.

Según he leído, en los años 70, en las playas de la California gringa, se empezaron a reunir muchos homosexuales masculinos. Obviamente en las fiestas celebradas, como es natural, se mostrarían **alegres, vistosos, pícaros,** etc. Entonces cogieron la palabra inglesa gay, que significa justo lo que acabo de indicar, y **se la aplicaron.** Tuvieron éxito, y, desde entonces, en medio mundo se usa esta palabra para referirse a los homosexuales masculinos. De entrada, el nombre es estúpido, pues antes de esa fecha (incluso está escrito en novelas y otros libros) había muchos varones alegres, vistosos y pícaros que no eran homosexuales (y así será siempre): **con esta aplicación (en exclusiva)** han acabado con el significado de esa palabra. La ventaja (muy importante) de esta palabra es que ha nacido, y se mantiene, sin un sentido ofensivo, como el de lesbiana en las mujeres: y esto es motivo de alegría.

Los hispanos hablantes, por su parte, también adoptaron esa costumbre, pero al hacerlo, cometieron dos errores. Uno de cobardía (que veremos en este punto) y otro de ignorancia (que veremos en el punto siguiente). Se les plantea un dilema, si quieren escribir gay deberán leer gay; y si quieren leer guei, deberán escribir guei. Dos veces he leído escrito la palabra guei, y una vez oí en televisión decir gay. La mayoría no se atreven a resolver el dilema: ¿razón? Muy sencilla. Veamos.

De la palabra inglesa meeting, hicimos nosotros (yo no estaba allí) la palabra **mitin** (o **mitín,** como en algunas naciones de Hispanoamérica), que todo el mundo escribe y pronuncia de la misma manera **sin que se les suba el pavo.** Eran otros tiempos: había menos cobardes. Ahora, en cambio, no se atreven a hacer algo semejante. ¿Por qué? Ya lo he dicho, porque ahora abundan los cobardes que les da pánico **salir** del habla de la masa humana, para **no sentirse señalados.**

- **Ignorancia lingüística.**

Lo asombroso de la situación es que no hace falta resolver ningún dilema al respecto. Si miro el significado de la palabra **«gayo, ya»** en mi viejo diccionario, dice que significa alegre, vistoso, y que viene del antiguo alto alemán gahi, con el significado de pronto, vivaracho. En cambio, ahora dice, y por lo que he leído en otros sitios, parece ser lo correcto, que proviene de la palabra gai de la lengua de Occitania (sur de Francia, limitando con España y el Mediterráneo), que, a su vez, al parecer, proviene del latín, por deformación de la palabra gaudium, contento, satisfacción, gozo, alegría. Como durante una época, parte de Occitania perteneció a los reyes de Inglaterra, nos encontramos con una palabra latina, deformada en Occitania, y tomada de allí por las lenguas, inglesa, española y alemana. Con lo cual los sufridos hispanos no tienen que resolver ningún dilema; basta tomar su propia palabra **«gayo».** Es sabido que la obra de Friedrich Nietzsche, Die frohliche wissenschaft, se tradujo al español como la gaya ciencia, o como el alegre saber; saber que no es otro que la poesía: obviamente, la poesía no es homo ni heterosexual, ni tampoco alegre, aunque si alegra la vida. Miguel Hernández (y no es un cualquiera) usa los tres términos, gayo, gaya, y gay con el significado de toda la vida.

- **Maldad humana.**

Resuelto la cuestión lingüística, vayamos con la cuestión más importante. La homosexualidad no es una enfermedad, como dicen algunos débiles metales; ni es algo cultural, como no tiene más remedio que repetir la Iglesia, porque si no se le cae todo el invento (de su dios creador). La homosexualidad es un hecho de **la naturaleza.** Todo el mundo tiene la condición sexual que le ha tocado en suerte por la naturaleza (de la misma manera que el color de los ojos, de la piel, del pelo, sus dimensiones, etc.) Cualquier persona puede sentirse **orgullosa** de lo que **consigue** con **su esfuerzo** (por ejemplo, una persona que trabajando, le quita horas al sueño, y con mucho esfuerzo, y estudio, saca una carrera adelante) pero no de lo que le ha dado la naturaleza (pues no ha requerido esfuerzo, ni es algo conseguido). La expresión **«El día del orgullo»** debería cambiarse por **«El día del respeto ...».** Y ¿qué ponemos en lugar de los puntos suspensivos? Pues muy sencillo:

«EL DÍA DEL RESPETO A TODAS LAS INCLINACIONES SEXUALES»

— *Versus.*

Si entramos en un diccionario latín español, veremos que *versus* es un adverbio que significa hacia, en dirección de. Contaré dos curiosidades relacionadas, referidas a las ciudades de Estambul y de la ciudad cacereña de Berzocana. El año 330, el emperador romano Constantino fundó la ciudad que, después de su muerte, no antes, en honor a él, se llamó Constantinopla; y con ello lo que después los europeos occidentales llamaron imperio bizantino, aunque los bizantinos nunca se llamaron así, al contrario se llamaban romanos, por aquello de que lo que refundó Constantino en la antigua Bizancio fue la Nueva Roma; como sabemos, este imperio se acabó cuando, en 1.453, se perdió a manos de los turcos. Posteriormente, cuando los musulmanes preguntaban a un campesino de los alrededores de Constantinopla, que a dónde iba, le contestaba en griego, "eis tin polis", literalmente, hacia la ciudad, o a la ciudad, porque era evidente que la ciudad no era cualquier aldea de por allí, sino Constantinopla; de ese eis tin polis se pasó a stenpolis, de ahí se fue pasando a stenpol, stembol, y a stambol, lo que, finalmente, dio lugar al nombre de la ciudad, Estambul para unos, o Istambul para otros.

Vamos con la otra historia. Un amigo me contó lo de la etimología de Berzocana. Según él, mucha gente cree que este nombre proviene de que los mozárabes escondieron las reliquias de san Fulgencio y santa Florentina (hermanos de san Leandro y san Isidoro de Sevilla) detrás de un berzo cano; berzo es un árbol, y cano significa blanco; pero resulta que, según las pesquisas de un Clodoaldo Naranjo, en documentos anteriores al siglo XVII el pueblo aparece con el nombre de Versocana; compuesto, de acuerdo con su hipótesis, de dos palabras latinas, la preposición "versus", hacia, y el adjetivo sustantivado "canan", el apellido de una familia, y aporta como prueba, sepulcros y lápidas de la zona en que aparece el nombre de "Canvs"; de donde se deduce que el nombre de Verzocana debe de derivar del hecho de que el tal Canan, harto de que sus invitados se perdiesen por estos montes de dios, y llegasen tarde a la cena, puso una flecha con un cartelito que indicara "versus Canvs", "hacia Canvs", es decir, "hacia la finca de Cano"; y con el tiempo de Versocana se transformó en Berzocana,

Para terminar, diré que la palabra "diverso", viene de "diversus", dos versus, dos hacia, es decir, dirigido hacia dos caminos.

Pues bien, hace ya bastante tiempo que, cuando se enfrentan dos equipos de fútbol, se suele anunciar como "Equipo A **versus** Equipo B"; pero asómbrese en lector, significando no "Equipo A **hacia** Equipo B" sino "Equipo A **contra** Equipo B": ¡si el gran Cicerón levantara la cabeza! Cabe preguntarse, ¿a qué se debe esto? Pues a que en lenguaje jurídico, los ingleses, en su costumbre de pisotearlo todo, decidieron que significa **contra.** Algún periodista deportivo lo vio, se hizo innovador, que mola mucho, y, desde entonces, mucha gente cree que ese es su significado; creencia reforzada porque la propia RAE ha claudicado, y así lo reconoce.

3. Semántica ninguneada

Las palabras de un lenguaje significativo se sustituye por palabras de un lenguaje indicativo, como los ejemplos vistos anteriormente.

4. Semántica deficiente

Antes citábamos la exigencia de Sócrates de tener definiciones claras de los conceptos, para saber de qué hablamos. Aunque a muchas personas esto les parece un capricho, no lo es; al contrario, es una de las exigencias más relevantes del hombre. El gran físico Ludwig Boltzmann también exigía definiciones rigurosas (lo que ocasionaba la injustificada burla de su hermano). Precisamente, la ausencia de una definición eficiente de los conceptos más importante de la filosofía, ha causado, y sigue causando, mucho daño a la Humanidad. Veamos algunos casos relevantes de palabras sapienciales con definición deficiente (de las que se dan las definiciones eficientes en los pertinentes tomos de mi libro *La sabiduría al desnudo*): dialéctica, cultura, ser, verdad, voluntad, racionalidad y razonabilidad, tragedia, felicidad, referente de la sabiduría, y libertad.

– **Dialéctica.**

En mi libro *La sabiduría al desnudo. IV Los fundamentos,* se dice los siguiente: «La palabra dialéctica viene del griego *dialectiké,* y técnica dialéctica del griego *dialectiké tejne:* la **técnica del dialogo.** Es **opinión generalizada** que dialéctica es **una palabra tan ambigua** que, cuando uno la lee, nunca se sabe exactamente que se quiere decir con ella: es **una víctima del uso y abuso que los amantes de la sabiduría hacen de su propio vocabulario.** De este término, dice José Ferrater Mora en su Diccionario de filosofía: *"... En efecto, se llama, o se ha llamado, «dialéctica» a muy diversas cosas: incompatibilidad entre dos sistemas, oscilaciones en la realidad, etc. Se han llamado «principios dialécticos» a cualesquiera principios: oposiciones, reacciones, negaciones de negaciones, etc. ....."*».

– **Cultura.**

En mi libro *La sabiduría al desnudo. III La cultura,* se dice lo siguiente: «Decididamente Sócrates tenía razón; no me hables de este, ese, o aquel caballo, árbol, o pez; dime qué es un caballo, un árbol, o un pez. En lugar de dar una definición de cultura **a secas,** de cultura en términos **abstractos,** lo habitual es dar una definición de cultura **adjetivada.** Un buen ejemplo de esto es lo que, en su libro *El mito de la cultura,* dice Gustavo Bueno: *"En efecto: el término cultura tomado en toda su amplitud, es decir, como concepto antropológico, cubre ese «todo complejo» del que habla Tylor y, por tanto, no solo las diferentes capas en las que cabe situar a sus diferentes componentes (la capa subjetual o intrasomática, la capa social o intersomática y la capa material o extrasomática) sino también a las diferentes esferas o círculos de cultura en sentido etnográfico (cultura egipcia, cultura maya ...).*

.............., los contenidos incluidos en la cultura circunscrita se tomarán, no solo de la capa intrasomática (que contiene, por ejemplo, danzas o canciones de coro o de solista), sino también de la capa intersomática (desfiles, deportes colectivos) y de la extrasomática (pinacotecas, edificios del patrimonio histórico, artístico, etc.)". Y en el *Glosario* de este libro aparecen las siguientes definiciones:

"Cultura (en sentido antropológico).

....

Cultura circunscrita.

....

Cultura compleja instrumental.

. . . .

Cultura intersubjetiva (intersomática, social).

. . . .

Cultura morfodinámica.

. . . .

Cultura objetiva (objetual).

. . . .

Cultura subjetiva,

. . . .

Cultura subjetual.

. . . .*".*

A pesar de las apariencias, ninguna de estas definiciones se refiere a la cultura **a secas,** a la cultura en sentido **abstracto,** sino a la cultura en sentido **concreto,** es decir, a la cultura **adjetivada** (eso sí, como se dice al inicio de la cita, tomado el término **en toda su amplitud**). En efecto, teniendo en cuenta que amplitud no es lo mismo que abstracción, es evidente que todas las definiciones expuestas se refieren a la cultura **adjetivada**: las siete últimas definiciones, de forma explícita; y la primera también lo está, aunque de forma implícita [***Cultura (en sentido antropológico)***]; es decir, cultura **antropológica** (entendida en su amplio sentido **etnográfico**): esta es la segunda razón por la cual la definición de Tylor no es una definición de **cultura;** y para colmo, como ya hemos dicho, no es una definición sino una enumeración. En el apartado 9 de este capítulo analizaremos las consecuencias de esta definición de cultura adjetivada».

– **Ser.**

En *La sabiduría al desnudo. I La realidad* se dice lo siguiente: «Después de todo lo dicho, el lector estará de acuerdo con estas palabras del filósofo Louis Rougier en *La metafísica y el lenguaje: "Un humorista ha podido declarar: «La historia de la filosofía no es más que una serie continua de juegos con la palabra* **ser***». La ironía, aplicada a la filosofía occidental, es en gran parte verdadera".* Bertrand Russell lo dijo más crudamente:

DOS MIL AÑOS DE ESTUPIDACIÓN»

— **Verdad.**

Los científicos llevan milenios **atribuyendo** verdades, pero, hasta ahora no disponíamos de una **definición eficiente** de verdad: esto puede parecer increíble, pero es verdad. En *Diccionario de filosofía (verdad)*, dice Mario Bunge (el filósofo de los científicos): *«La palabra 'verdad' designa una familia de conceptos mutuamente irreductibles (no son definibles entre sí). Distinguiremos los siguientes conceptos de verdad: formal, factual, moral y artística. ...».*

En mi libro *La sabiduría al desnudo. IV Los fundamentos* se dice lo siguiente: «En *Semántica II. Interpretación y verdad*, comienza Bunge afirmando que así como todas las proposiciones tienen **significado** (referencia y sentido), no todas las proposiciones tienen **valores de verdad** (las proposiciones indecidibles, las descripciones vacías, así como las proposiciones que no se postulan, ni se demuestran, ni se confirman, ni se hacen plausibles, no lo tienen). Continúa diciendo en relación con la teoría fáctica de la verdad: *"Puesto que la teoría de la coherencia no se ocupa de la referencia fáctica, parecería que hemos de recurrir a la concepción de la verdad como correspondencia. Según esta perspectiva, **un enunciado es verdadero si se ajusta a los hechos. Desafortunadamente, nunca se ha aclarado la naturaleza de esta adecuación:** en la mayoría de los casos se deja en la penumbra de la **metáfora** y solo de forma ocasional se ha explicado como un **isomorfismo.** Hagamos a un lado las metáforas, dado que no constituyen una teoría. Como tampoco es una teoría la tesis del isomorfismo. Para comenzar, el isomorfismo solo puede definirse entre estructuras matemáticas bien definida y la realidad no es una de esas estructuras. En segundo lugar, aquí nos falla incluso la noción intuitiva de isomorfismo, tal como lo muestran los hechos de que (a) toda teoría científica incluye constructos que no tienen un correlato en la realidad y, en el mejor de los casos, funcionan como dispositivos de cálculo y (b) cada porción de realidad acaba mostrando características que no han sido tenidas en cuenta por ninguna teoría. Si hay **correspondencia** entre la teoría y los hechos, esta tiene que ser **global, no puntual.** Pero es dudoso que esta correspondencia global pueda bastar para caracterizar la verdad fáctica. En efecto, considérense los siguientes casos, cada uno de los cuales constituye un contraejemplo a* **la (nunca formulada) teoría de la verdad como correspondencia:**

....

La razón del fracaso en llevar la teoría de la verdad más allá de la etapa de metáfora y superar las dificultades mencionadas, es a la vez sencilla y radical: **los enunciados no pueden compararse o confrontarse con los hechos. Los enunciados solo pueden compararse o confrontarse con otros enunciados y los hechos solo pueden compararse con otros hechos.** *La expresión 'Confrontar una proposición con un hecho' debe considerarse una especie de abreviación de 'Confrontar un juicio (= un proceso cerebral) con otro hecho', o más sencillamente, 'Pensar sobre un objeto'.* **Lo que vale para la confrontación vale para la adecuación.** *Un enunciado no se ajusta a los hechos del modo que la vestimenta se ajusta a las personas: solo puede «ajustarse» a otro enunciado o «acordar» con este tras la exclusión de ciertos detalles. En todo caso,* **la semántica no está capacitada para investigar el proceso mental de confrontación y adaptación de ideas a hechos: solamente puede tratar la confrontación entre enunciados".**

Tras el desarrollo de otros temas relacionados con el concepto de verdad, concluye Bunge con estas palabras: *"A menudo se espera que una teoría de la verdad fáctica consiga hacer tanto como una teoría de la verdad formal, a saber:*

(1) ofrecer una definición ordenada de 'enunciado fácticamente verdadero';

(2) establecer condiciones (criterios) de verdad universales y

(3) proporcionar reglar para calcular el valor de verdad de cualquier compuesto verifuncional tal como una conjunción, a partir de los valores de verdad de sus constituyentes.

Nuestra teoría de la verdad no lo hace, *rehúsa realizar las dos primeras tareas y solo lleva cabo la tercera. En realidad,* **sostenemos que el concepto de verdad fáctica es demasiado básico y universal para ser degradado a la categoría de concepto definido** *.... (Y, en todo caso, todos los intentos de eliminarlo a favor de conceptos alternativos, tales como los de satisfacción, probabilidad, información y confirmación, han fracasado).*

Lo máximo *que podemos hacer por el concepto de verdad fáctica es:*

(1) ofrecer una caracterización **informal** *(Sección 1);*

(2) mostrar cómo **se utiliza** *en la práctica científica (Sección 2) y*

(3) definirlo de manera **implícita** *por medio de un conjunto de postulados (Sección 3).".*

A estos efectos, continúa Bunge, 24 años después, en *Materia y mente. Una investigación filosófica: "En general se acepta que, en el caso de las teorías abstractas (no interpretadas), tales como la teoría de conjuntos y la teoría de grupos, el concepto de verdad formal está dilucidado por la teoría de modelos, y que en el caso de las teorías interpretadas, como el cálculo, coincide con el concepto de* teoremicidad, *con excepción de las fórmulas indecidibles.*

No existe un acuerdo comparable en lo que respecta a las verdades fácticas. *En efecto,* **aunque todos los pensadores lúcidos valoran la verdad objetiva (fáctica), nadie parece haber dado con una teoría (es decir, con un sistema hipotético deductivo) verdadera de la misma.** *Por tanto,* **después de dos milenios y medio, la teoría de la verdad como correspondencia es todavía un proyecto de investigación.**

Con todo, **la idea intuitiva es lúcida, aunque confusa:** *una proposición es* **fácticamente verdadera si se ajusta (o se corresponde)** *con los hechos a los que se* **refiere. Pero ¿qué significan los términos metafóricos 'ajustarse' (o 'corresponderse') Esta es la gran pegunta.**

....

Resulta vergonzoso señalar que los mencionados intentos de dilucidar el concepto de verdad como correspondencias derivan de ciertas confusiones. ....

Estos fracasos son lamentables indicadores del estado de la Filosofía contemporánea. ... Por eso mismo, sugiero la necesidad de comenzar desde cero. ....».

– **Voluntad.**

En mi libro *La sabiduría al desnudo. IV Los fundamentos* se dice lo siguiente: «La voluntad es un **concepto confuso** donde los haya. Dada la importancia y complejidad del problema, es imprescindible ver lo que han dicho de la voluntad algunos autores relevantes; tras esto expondré la explicación de lo que entiendo por voluntad.

Empecemos por la teología. Para Tomás de Aquino las facultades **del alma inmaterial** (no de la mente) se dividen en dos clases: las corpóreas (la vía vegetativa y la vía sensitiva) y las incorpóreas (el entendimiento y la voluntad). De otra parte distingue Tomás de Aquino entre la voluntad divina **consiguiente,** que es eficaz, inimpedible, irresistible, e infrustable; y la voluntad divina **antecedente,** que es impedible y resistible.

Comentario. Cómo no nos interesa **la magia,** abandonamos este falso sendero cognitivo (aparte de que da vergüenza ajena, exponerlo).

Prosigamos, consultando dos libros. Dice José Ferrater Mora en *Diccionario de filosofía (voluntad)*: *"El concepto de voluntad ha sido tratado en el curso de la historia de la filosofía desde cuatro puntos de vista: (1) Psicológicamente (o antropológicamente), se ha hablado de la voluntad como cierta facultad humana, como expresión de cierto tipo de actos; (2) Moralmente, se ha tratado de voluntad en relación con los problemas de la intención y con las cuestiones concernientes a las condiciones requeridas para alcanzar el bien. (3) Teológicamente, el concepto de voluntad se ha usado para caracterizar un aspecto fundamental y, según algunos autores, el aspecto básico de la realidad o personalidad divina; (4) Metafísicamente, se ha considerado a veces la voluntad como un principio de las realidades y como motor de todo cambio".*

Comentario. De esta cita hay que decir que los puntos de vista moral y teológico no nos interesan, porque nada nos aporta a nuestros fines.

Del punto de vista psicológico, hay que decir que los animales superiores también tienen voluntad (luego veremos un ejemplo de Rocinante). Del punto de vista metafísico nos interesa la calificación de la voluntad como motor de todo cambio (que entra en contradicción con otras afirmaciones de la misma entrada del diccionario, que veremos después de haber dado mi definición de voluntad), y del que hablaremos después.

... pues

LA VOLUNTAD NO ES UNA FACULTAD (O CAPACIDAD) MENTAL

Con el tiempo, las sorpresas se fueron acumulando. En efecto, si la voluntad no es una facultad, **menos aún es** una **facultad inmaterial,** como dice Tomás de Aquino en *Suma Teológica. Tratado de los actos humanos. Cuestión 10. Artículo 1: "… Siendo, pues, la voluntad, como la inteligencia, facultad inmaterial".* Tampoco es la voluntad una **facultad ciega,** como, más próximo a la verdad, pero sin sacar las conclusiones pertinentes, dice Francisco Suárez en *Disputaciones metafísicas (Disputación XIX): "…; porque la voluntad es una* **potencia ciega,** *que no puede pasar al acto* **si no es conducida por** *el intelecto,* **ni puede resistirse a este si** *mueve o impera con eficacia, …":* es evidente que si **no puede** hacer nada por sí mismo, **ni puede** resistirse a lo que le indique la inteligencia, **no es una potencia.**

Años después me quedé sorprendido de lo poco que se divulga la idea de Espinosa de que la voluntad **no es** una **facultad autónoma.** En efecto, en 1.663 se publicó el libro de Espinosa *Principios de la filosofía de Renato Descartes;* en cuyo Prólogo escribió su amigo Meyer: *"… **no considera** [Espinosa] **que la voluntad sea distinta del entendimiento y,** mucho menos, **que esté dotada de tal libertad…".***

Para saber **qué es la voluntad,** veamos los siguientes conceptos: …».

– **Racionalidad y Razonabilidad.**

En mi libro *La sabiduría al desnudo. V Los fundamentos* se dice lo siguiente: «Por último, hemos de estudiar cuales son **los usos cognitivos de la mente.** De entrada, para evitar confusiones (entre **racionalidad** y **razonabilidad**), hemos englobado las tres funciones cognitivas de la mente en el concepto de **razónico,** de tal forma que el hombre más que animal racional es **animal razónico.** Dicho esto hay que decir que **antes de** ser animal razónico, el hombre es **animal intuitivo.** Y de esta manera, abarcamos los dos usos cognitivos de la mente humana: **intuición y razón.**

. . . .

Al final de este capítulo veremos que **la racionalidad y la razonabilidad** son dos funciones distintas, que, después de milenios, se sigue confundiendo, hasta el punto de englobarlas en el único nombre de racionalidad; hecho que **ha tenido graves consecuencias para la Humanidad.**

. . . .

Antes dijimos que la **irrazonabilidad de significación** es **la más básica y extendida** de todas las irrazonabilidades; pues bien, ahora es el momento de decir que **la posibilidad** es **la esencia de la razonabilidad,** razón por la cual, la **irrazonabilidad de posibilidad** es **la esencia de la irrazonabilidad**».

Lo más asombro de todo es que la racionalidad y la razonabilidad se rigen por **dos disciplinas distintas,** manejando **distintos conjuntos de conceptos:** que explico en dicho tomo.

– **Tragedia.**

Esta es una palabra cuyo significado ha sido tan deformado por los usuarios que la han dejado irreconocible. Consecuencia de lo cual es lo que se dice en mi libro *La sabiduría al desnudo. VI La vida:* «Ya estamos en condiciones de deshacer **cinco errores frecuentes.**

Primer error: confundir tragedia con el resultado de la tragedia

Segundo error: confundir el momento de la tragedia con el momento del resultado de la tragedia.

Un ejemplo perfecto de esto lo podemos ver en *Traquinias* de Sófocles, en esta obra dice Deyanira (esposa de Erácles):

Este error se puede ver muy bien con un comportamiento religioso de los griegos. Ermes era el dios griego de los caminantes; por eso se colocaba una estatua suya en las **encrucijadas de caminos.**

Tercer error: creer que el resultado de la tragedia es siempre negativo, desfavorable.

Cuarto error: confundir tragedia con desgracia.

Quinto error: creer que el resultado negativo de una tragedia tiene que ser el de muerte.

....».

– **Felicidad.**

En mi libro *La sabiduría al desnudo. VI La vida* se dice lo siguiente: «Estamos, sin duda, ante **el más confuso concepto sapiencial.** Veamos lo que de eudaimonía (que, indebidamente, se suele traducir por felicidad) dice Luciano de Samosata en *Ermótimo:*

– **El ambiguo significado moderno de felicidad.**

Que yo conozca, la única persona que se ha referido a la ambigüedad del concepto moderno de felicidad es Tomás Calvo Martínez, en las palabras citadas en el tomo 5°: *"A menudo se ha observado con razón que **nuestro término «felicidad» no hace justicia al significado de término griego** eudaimonía. El término griego alude a lo que podría denominarse **una vida plena, satisfactoria.** Por lo demás, **la palabra «felicidad» resulta hoy o excesivamente solemne o excesivamente trivial,** según los casos.*

*Sirva esta llamada **para que el lector se esfuerce en interpretar correctamente el alcance y sentido del planteamiento aristotélico**".*

GRÁBESE EL LECTOR ESTAS PALABRAS EN SU MEMORIA

En su libro *El mito de la felicidad* de Gustavo Bueno, muestra la siguiente *"Tabla de modelos genéricos de concepciones de la felicidad.*

Doctrinas Teorías	Espiritualismo simple (asertivo)	Espiritualismo radical (exclusivo)	Materialismo unitario o monista	Materialismo Pluralista
Descendentes	Modelo I Versión aristotélica Versión tomista	Modelo IV Versión neoplatónica Versión idealista material	Modelo VII Versión degeracionista	Modelo X Versión pesimista
Ascendentes	Modelo II Versión sabeliana	Modelo V Versión idealista absoluta Versión idealista objetiva	Modelo VIII Versión positivista Versión monista	Modelo XI Versión Emergentista
Neutras	Modelo II Versión dualista (psicologista fisiológica)	Modelo VI Versión gnóstica	Modelo IX Versión eudemonista Versión ilustrada Pansexualista	Modelos XII Versión estoica Versión espinosista

Observaciones a la tabla:

*1) La tabla, dado **el carácter dicotómico de su construcción,** está obligada a tener pretensiones **exhaustivas:** cualquier concepción de la felicidad habrá de ajustarse a alguno de los doce modelos. Sin embargo:*

*a) **Cada modelo tiene múltiples versiones.** En la tabla ofrecida no se pretenden recoger todas las versiones, sino las que se consideran más representativas.*

b) Las versiones no agotan las concepciones de la felicidad.

c) Las concepciones concretas podrían clasificarse por otros criterios.

2) El objetivo fundamental de la tabla es crítico. Trata de clasificar un conjunto de concepciones de la felicidad de forma tal (dicotómica) que no sea posible mantener la neutralidad ante el abanico de alternativas. La tabla es por tanto dialéctica, y no meramente taxonómica.

3) El principio de felicidad habrá de estar expresado a través de alguna Idea de felicidad vinculada a algunos de los modelos de la tabla".

Dado que **ninguno de estos modelos tiene que ver con lo que entiendo por felicidad,** tal y como se explica después, seguidamente hago algunas breves puntualizaciones y aclaraciones sobre los comentarios de Bueno acerca de estos doce modelos de felicidad. Aunque, de entrada, hay que decir que el simple hecho de que haya **12 modelos distintos** (sin contar las variantes) del concepto de felicidad, ya es un **indicio importantísimo** de **la descomunal confusión,** habida a lo largo de milenios, con la definición de uno de los conceptos **más utilizados** por el hombre; algo que no ha ocurrido con ningún otro concepto, sapiencial científico, técnico, artístico o ético: ¿se imagina alguien a los físicos manejando 12 modelos distintos del concepto de **energía** (no de los distintos tipos de energía)? **¿Cómo se ha llegado a este disparate?**».

– **Referente de la sabiduría.**

Todas las disciplinas saben cuál es el referente de la misma: ¿se imagina alguien que los físicos, biólogos, sociólogos, etc. no supieran a qué se refiere su disciplina?

En la sinopsis de mi libro *La sabiduría al desnudo* se dice lo siguiente: «**Los científicos** llevan 2.500 años **avanzando** de forma exponencial; **los filósofos** siguen **atascados,** ya que aún no se han puesto de acuerdo en cuál es **el problema de la sabiduría,** y, ni siquiera, en cuál es **el referente de la sabiduría. ¿A dónde va una disciplina SIN REFERENTE? A LAS TINIEBLAS**».

En efecto, la consecuencia de no saber cuál es el referente de una disciplina es que se va uno directo a las tinieblas cognitivas: **dando palos de ciego.** Y es que, **cada referente particular** dará lugar a **un enfoque particular** de la filosofía.

En mi libro *La sabiduría al desnudo VII Y la sabiduría* se dice lo siguiente: «Hasta aquí todo lo que pensé incluir en este apartado; pero, mientras escribía el tomo anterior, cayó en mis manos el jugoso libro *Los mitos filosóficos* de Juan Nuño, que reclama un resumen y posterior comentario. Ante todo, **este punto** no lleva el título de mitos filosóficos, temas filosóficos, esquemas filosóficos, ni máscaras filosóficas, como también los llama Juan Nuño: *"... Muertos o vivos o simplemente reanimados, **los temas filosóficos** son **temas*** *limitados en sus estructuras básicas, por muchas variaciones que presenten en cada época y con cada autor. La atención crítica ha estado dirigida al establecimiento de esas estructuras y a su temática ordenación.*

Lo que aquí se propone es un sistema de clasificación atemporal de la filosofía. Se parte para ello del recurso de cinco grandes esquemas reiterativos encubiertos con la etiqueta de mito. Son las respectivas máscaras con que, una y otra vez, se presenta a escena idéntico actor; el embozo filosófico recurre a contadas versiones: por debajo, persiste el mismo personaje. Ese saber, que arranca de la inevitable distancia entre lenguaje y realidad, entre signo y significado, y que, al intentar salvarla, asume ciertas formas adjetivadas. O es la tabla de salvación del sujeto humano en busca de porqués y sobre todo de paraqués: o propone una visión directa, profunda y superior, a guisa de extraordinaria revelación; o se proyecta poderosamente con la magia de un pensamiento omnicomprensivo; o se limita a sí mismo y reduce su actividad cognitiva a zonas de comprobada seguridad, en un esfuerzo por dominar el terreno ganado; o acepta el imperio de otros saberes, resignado o prudente, y se subordina a ellos en un quehacer subordinado".

Está, pues, claro, que de lo que trata el libro no es de **mitos:** por lo que excluyo tal nombre; así como el de **máscaras** que los representa. El que lo que se presenta sean **esquemas** no hace mención al contenido del libro, sino a la forma de presentar el contenido, por lo que también excluyo tal, nombre. Tampoco le he dado el nombre de **temas** sapienciales, porque crearía confusión en el lector, ya que, como veremos, **el tema (último) sapiencial** es **único.** A resultas de esto, consideré adecuado el nombre de **enfoques de la sabiduría:** cada uno de los cuales daría lugar **a una distinta definición de sabiduría.**

De acuerdo con Nuño, **cinco son los enfoques de la filosofía,** según que se la considere como: báculo, misterio, pensamiento mágico, represión, o servidumbre».

– **Libertad.**

A lo largo de los 2.500 años de reflexión, los filósofos operado con solo 2 tipos de libertad. En mi libro *La sabiduría al desnudo VII Y la sabiduría* explico, de una parte, no los 2 tipos sino los **5 tipos de libertad,** y sus respectivos **duales;** y, de otra parte, que esta es la razón esencial por lo que la Humanidad ha sido, y sigue siendo, un completo desastre. Pretender entender la realidad humana con 2 tipos de libertad es tan inútil como pretender entender la realidad material con solo 2 dimensiones espaciales.

La consecuencia última de esta deficiencia es lo que se dice en la sinopsis de mi libro *La sabiduría al desnudo:* «Hace 4 siglos que Galileo creó el método científico; los filósofos ni siquiera se han planteado la necesidad de disponer del **método de la sabiduría:** como si fuese **una extravagancia innecesaria. ¿A dónde va una disciplina SIN MÉTODO? AL DESASTRE**».

La pregunta que cabe formular es la siguiente: ¿cómo es posible que durante tantos milenos, la filosofía sea la única disciplina que no tiene un método? La respuesta es que este método (el MOC) se basa en el desconocido 5° tipo de libertad.

Concluyamos con una viñeta de Andrés Rábago (El Roto):

Capítulo VII

Tiempo verbal pisoteado

1. INTRODUCCIÓN

En la lengua española los tiempos verbales se agrupan en 4 modos: indicativo (10), subjuntivo (8), imperativo (1), y los modos no personales (infinitivo, gerundio, y participio).

En relación con el primer modo, hay que tener en cuenta lo que se dice en mi libro *La sabiduría al desnudo. I La realidad:*

«**3. Los modos de lo real: real-efectivo y real-posible.**

Hay **dos modos de lo real:** lo **real-efectivo** y lo **real-posible,** o si se prefiere, lo **efectivo** y lo **posible.**

Los dos **miembros de un matrimonio** son **reales-efectivos,** mientras que el **hijo deseado** (el hijo que desean tener, obviamente, en el **futuro**), son (mientras **ellos** lo sueñan, lo piensan, lo desean) **dos** objetos irreales; pero no lo sueñan, no lo piensan, no lo desean, **como objeto irreal,** sino **como objeto real-posible;** es decir, como algo con el que los padres podrán encontrarse **(objeto)** cuando nazca **(exista),** y existirá **realmente,** para su madre, para su padre, y para cualquier otra persona **(real-efectivo)**».

Dicho esto, aquí solo vamos a ver dos casos relevantes: el relativo al pretérito imperfecto y condicional simple, y el relativo a duda-efectivo.

2. PRETÉRITO IMPERFECTO Y CONDICIONAL SIMPLE

En mi libro *La sabiduría al desnudo. IV Los fundamentos* se dice lo siguiente:
— «**Ejemplo 3 de error sintáctico (duda-efectivo).**

Hay personas que dicen (incorrectamente): *la señora X, la que fuera presidente de…;* en vez de decir (correctamente): la señora X, la que fue presidente de …; porque no hay ninguna razón que justifique el uso del pretérito imperfeto, en lugar del pretérito perfecto simple, pues **efectivamente,** dicha señora **fue** presidente de …; no hay **ninguna duda, ninguna incertidumbre,** es un **hecho** que fue presidente».

A estos efectos, he decir que muchas veces (no siempre), quien incurre en este error, lo hace pensando que con fuera la expresión resulta más elegante, casi una expresión casi poética.

3. DUDA-EFECTIVO

En mi libro *La sabiduría al desnudo. IV Los fundamentos* se dice lo siguiente:

«- **Ejemplo 2 de error sintáctico (imperfecto-condicional).**

Hay personas que, en vez de decir (correctamente): *si hubiera* (pretérito imperfecto) *venido* (el equivalente a **la variable independiente** en matemática, o a **la causa** en física) *habría* (condicional simple o prospretérito) *comido* (el equivalente a **la variable dependiente** en matemática, o **al efecto** en física); dicen (incorrectamente): *si hubiera venido hubiera comido;* este error es equivalente al de **un matemático** que, en vez de decir (correctamente): **y (variable dependiente) = f (x: variable independiente),** dijera (incorrectamente): **y (variable dependiente) =**

f (y: otra vez la variable dependiente); o al de **un físico** que, en vez de decir (correctamente): **y (el efecto) = f (x: causa),** dijera (incorrectamente):

y (el efecto) = f (y: otra vez el efecto)».

Aquí hay que decir que este error se comete a todas horas por casi todos los escritores (académicos incluidos), y resulta realmente insufrible.

Capítulo VIII

Lógica pisoteada

1. INTRODUCCIÓN

En mi libro *La sabiduría al desnudo. I La realidad* se dice lo siguiente: «.......En los libros de filosofía, se repite hasta la saciedad la definición de Aristóteles de que *"El hombre es un animal racional"*. Veamos; mientras que **los matemáticos** han sido capaces de **convencer** a sus colegas de que es correcta la solución hallada a algo **tan complejo** (se ha tardado más de 300 años en resolverlo) como **la conjetura de Fermat,** ¿cómo es que, si el hombre es **racional,** en la mayoría de los casos, hasta ahora, **no ha sabido,** llevar a los demás (a los que mandan y a los que eligen a los que mandan, cuando esto es posible) **al convencimiento** de algo **tan simple** como que **la guerra** es **siempre** mala **para todos**?

Aclaración terminológica. Pasando por alto el hecho de que Aristóteles, al ser griego, no usó la palabra latina *raciōnābilitas,* de la que procede la palabra racionalidad; hay que aclarar que Aristóteles jamás dijo semejante **barbaridad:** dijo algo que se le parece, pero solo se le parece, porque, en realidad hay un abismo entre lo que él dijo y la referida afirmación. Lo veremos en su momento».

En mi libro *La sabiduría al desnudo. II El hombre* se dice lo siguiente: «Cuando en mi juventud leí que Aristóteles había definido al hombre como **animal racional,** me extrañé de que le dieran **tanta importancia** a algo **tan evidente;** no hacía falta ir a Salamanca para decir eso. El tiempo pasó, yo pasé por la Universidad, y, sobre todo, por el mundo laboral, y poco a poco, muy lentamente, fue surgiendo en mi mente, primero la idea de que aquello era un **error de Aristóteles;** y, después, de que aquello era un **disparate de Aristóteles;** y, por último, la **profunda duda** de que Aristóteles hubiera dicho esa **barbaridad.** Los años pasaron y seguía sin encontrar una explicación. Un buen día leyendo a Pedro Laín Entralgo en *El cuerpo humano. Teoría actual,* me enteré de todo lo necesario para deshacer, no el **inexistente error de Aristóteles,** sino el **evidente error de los traductores de Aristóteles.** En efecto, Aristóteles definió al hombre como *"zoon lógon ejon",* es decir, como el **animal que utiliza la palabra.** Se suele traducir esta frase, como animal racional; lo cual es un grandísimo error; es hacerle decir a Aristóteles un disparate que jamás dijo; en efecto, entre **utilizar** la palabra y **utilizar bien** la palabra (que sería el equivalente a ser **racional)** hay **un abismo** que solo algunos pocos hombres superan: esta es la **razón principal** por la cual la Humanidad no ha dejado de ser un desastre, que ha vivido, y vive, inmersa en el fango de la ignorancia, la estupidez, el fanatismo, y la maldad (guerras, hambrunas, crisis económicas, etc.)».

Seguidamente vamos a ver, primero casos de irracionalidad, pero no de gente ignorante, sino de científicos; y, después, la razón de que incurran en irracionalidad.

2. CONTRADICCIÓN ACEPTADA

Un lejano día llegué a la conclusión de que los tres mayores disparates de la ciencia eran los tres siguientes (dos financieros y uno físico):

— VAN (Valor Actual Neto, de las inversiones): sin duda la medalla de oro de los disparates científicos.

— El TIR (Tanto Interno de Rentabilidad de las inversiones): origen del disparate del VAN.

— La mal llamada paradoja de Olbers (mal llamada porque no es una paradoja, sino una aporía: aunque la mayoría de los científicos y filósofos no sepan distinguir ambos conceptos).

Aquí me voy a referir solo a las dos primeras, las que expongo en mi libro *Solución de las paradojas financieras de las inversiones (Programa RCV321) y la Empresa como inversión (Programa RCVIEM);* **dado lo increíble que resultan estas paradojas,** para situar al lector, seguidamente cito el *Prólogo,* de esta obra: «Este libro trata de finanzas, de finanzas en estado puro, aunque por este prólogo pueda no parecerlo. En él se muestra:

— en el bloque A, los **mecanismos** del TIR y del VAN al descubierto;

— en el bloque B, la **solución (no la explicación)** de las **paradojas** financieras de la rentabilidad y de la renta de las inversiones pluriperiodales, las **causas** de las paradojas, y su fruto final: el **Programa Financiero RCV321** de análisis de inversiones con **datos financieros** estimados; y

— en el bloque C, el **Programa Financiero-Contable RCVIEM,** con el que poder hacer **estimaciones** y **simulaciones** sobre la rentabilidad de las inversiones, manejando **datos contables** estimados

Los griegos nos introdujeron en el mundo de la razón y el conocimiento. *Galileo* nos introdujo, a trancas y barrancas, en el mundo de la razón y el conocimiento científicos.

Tomando a *Galileo* como referente del inicio de la ciencia moderna, se pueden ver los dos polos extremos de la relación del hombre con la **razón.**

De una parte *Galileo*, con su **confianza** en el uso de un conocimiento basado en los datos de la observación y la experimentación, tal como el que le permitió enfrentarse a hechos aparentemente evidentes para todo el mundo, a la verdad de la revelación, y a la dogmática autoridad de la Iglesia; y de otra, la inacabable lista de **conflictos** que se producen en todos los ámbitos del conocimiento.

Cuando un militar se encuentra ante una **batalla** (su problema), tratará de ganarla (resolverlo) **con** los medios militares de que disponga. Cuestión aparte, y **distinta**, es cuando se encuentra ante un **enfrentamiento interno (entre sus propios militares)**. ¿Cómo ir a la guerra (con la intención de ganarla) si sus propios militares **se matan entre sí**?

De forma similar, cuando un científico se encuentra ante un **problema**, tratará de resolverlo **con** los conocimientos de su ciencia de que disponga. Cuestión aparte, y **distinta**, es cuando se encuentra ante un **enfrentamiento interno (entre sus propios conocimientos científicos)**. ¿Cómo afrontar un problema (con la intención de resolverlo) si sus propios conocimientos **se contradicen entre sí**?

En este libro se presenta un caso de **conflicto de conocimientos financieros**, que ha tenido **consecuencias** teóricas pero sobre todo **prácticas** para las empresas. Durante todo el siglo XX se le ha prestado atención al **adjetivo** (financiero) y no al **sustantivo** (conflicto de conocimiento). Aquí se considerarán los dos aspectos; pero advirtiendo al lector de que **la clave** de todo está en lo que hasta ahora no se ha considerado: de ahí la necesidad de este prólogo. Este **error**, no es privativo de las finanzas, ocurre en todas las ciencias, incluso en una tan prestigiosa y rigurosa como la física.

El **punto de partida** de esta investigación tiene dos componentes:

1) Las cinco **paradojas de la rentabilidad y de la renta** (paradojas **auténticas**, pero no tomadas como tales), una de comportamiento y cuatro de resultados; entre las últimas están las tres siguientes:

a) Algunas inversiones tienen **simultáneamente** más de una rentabilidad: a veces **tres**, y en algún caso **positiva y negativa a la vez**.

b) En ciertos casos la rentabilidad de una inversión es un **número complejo**.

c) Si para financiar ciertas inversiones se pide a un banco los fondos necesarios, y este los presta al 15% de interés, la inversión produce **perdidas**

(VAN < 0), pero si los presta al 30% (**justo el doble de caro**) entonces, la inversión produce **beneficios** (VAN > 0).

2) La afirmación de *Wrigth* de que «*El tanto interno de rentabilidad de las inversiones* (una variable económica) *es una mera convención matemática desprovista de todo significado económico*».

Antes estas afirmaciones hay que decir lo siguiente:

¿Se es consciente de que hay dos tipos de afirmaciones **absolutamente** inaceptables para un ser que se haga llamar **racional**, a saber: las **paradójicas** y las **absurdas**?

¿Se es consciente:

— de que entre **el concepto de rentabilidad** y **la variable TIR** (Tanto Interno de **Rentabilidad**), no hay una relación de **semejanza**, ni siquiera de **igualdad**, sino de **identidad**; es decir, que son exactamente lo mismo;

— de que entre la **rentabilidad definida** y la **rentabilidad calculada** hay una relación de **identidad**; es decir, que el hecho de que a lo definido lo llamemos rentabilidad y a lo calculado tanto interno de rentabilidad, no significa que estemos hablando de dos conceptos distintos; o lo que es lo mismo que **lo definido** por **el concepto** de rentabilidad es **idéntico** a **lo calculado** por **la variable** tanto interno de rentabilidad, pues son **dos formas de referirse** a lo mismo, **dos formas de mencionar** lo mismo?

La principal característica de un **concepto** es **su significado**; entonces ¿por qué, si nadie ha negado nunca que el **concepto** de **rentabilidad** carezca de significado, se le niega **tal** significado al **término** o **variable** que lo simboliza (tanto interno de **rentabilidad**)? Aparte del hecho de que afirmar que una **variable científica** carece de significado, es **absurdo**; y quien esto hace, muestra tener un desconocimiento **absoluto** de qué es el conocimiento, pues, en efecto, **sin significado no hay conocimiento**.

Sigamos con la identidad. **Dos coches** distintos puede ser **iguales** en algún respecto, por ejemplo en potencia, pero **diferentes** en otros respectos, por ejemplo en color; de la misma forma **dos funciones matemáticas** pueden ser **iguales** en valor para un(os) determinado(s) valor(es) de cierta(s) variable(s), y ser **diferentes** respectos de otras características, por ejemplo en su expresión algebraica. Esto no puede ocurrir cuando hablamos de **identidad**. Si A es idéntico a B, entonces **todas** las características de A lo son de B, no puede ser A rojo y B verde.

Con la expresión **Tanto Interno de Rentabilidad** se nos dice, de forma **explícita**, que la rentabilidad **es (solo es; y siempre es)** una **proporción**, o si se prefiere, un **porcentaje** (**tanto** por uno o tanto por ciento).

Rentable es algo susceptible de producir **renta**; el sufijo **dad** sirve para formar nombres abstractos de cualidad derivados de adjetivos; en nuestro caso, del adjetivo rentable se obtiene el concepto abstracto **Rentabilidad**, que es la cualidad, calificable por su **grado**, de ser rentable; y, no en el nombre, pero sí **en la fórmula de definición** se nos dice, también de forma **explícita**, que es una **proporción**.

Ahora bien, se diga **con palabras** (**Tanto** Interno de Rentabilidad) o **con lenguaje matemático** (**Cociente** entre la renta obtenida y el importe invertido), estamos hablando de **lo mismo**: de una proporción.

Siendo esto así, ¿cómo han podido afirmar los financieros que (en algunos casos) **la** rentabilidad de una **inversión** (por muy extraña que sea eso que **llaman** inversión) sea **los** varios números **reales** que simultáneamente se obtienen de la tradicional ecuación de la rentabilidad (TIR), o **un** número, sí, pero **complejo**; sabiendo (como sabían y saben) que una **proporción** es **el cociente entre dos números reales**, cuya solución es siempre **un único** número **real**; y sabiendo (como sabían y saben) que la rentabilidad es **justo eso, solo eso, y siempre eso**, el cociente entre dos números reales: el **numerador** la renta obtenida (número **real** positivo, negativo o cero) y el **denominador** el importe invertido (número **real** siempre positivo)? ¿No se dan cuenta de que esto es algo **absolutamente** inadmisible, salvo que pretendan con ello (implícitamente, claro está) **cambiar la matemática** (que es la que afirma que el cociente entre dos números reales es un único número real), o **cambiar la definición de rentabilidad** (en la que **se especifica** que esta se mide por el cociente entre el número real representativo de la renta obtenida y el número real representativo de la inversión realizada)?

¿Se es consciente (dada la mencionada **identidad**):

— de que **cuando se dice (explícitamente) que** de la tradicional ecuación del TIR se obtiene como solución varios números reales, **se está diciendo (implícitamente) que** el cociente entre dos números reales cualesquiera **puede ser** varios números reales simultáneamente;

— de que, **por mucho que diga** dicha ecuación, la **matemática** carece de **mecanismos mágicos** capaces de hacer dicho **milagro aritmético**.

— de que esto es una **paradoja**?

¿Se es consciente (dada la mencionada **identidad**):

— de que **cuando se dice (explícitamente) que** de la tradicional ecuación del TIR se obtiene como solución un número complejo, **se está diciendo (implícitamente) que** el cociente entre dos números reales cualesquiera **puede ser** un número complejo;

— de que, **por mucho que diga** dicha ecuación, la **matemática** carece de **mecanismos mágicos** capaces de hacer dicho **milagro aritmético y financiero**: lo de financiero porque no hay una **mágica moneda** con la que se puedan hacer pagos cuyo importe sea un **número complejo**.

— de que esto es una **paradoja**?

¿Se es consciente:

— de que dichos resultados solo pueden ser fruto de una **magia matemática**, un **milagro matemático,** o una **trampa matemática**, pero **no de la ciencia matemática;**

— de que se está siendo **víctima** de una **epidemia conceptual** que ha paralizado la mente de todos los financieros del mundo durante el siglo XX y lo que llevamos del XXI?

¿Se es consciente de que **lo que no se puede hacer** es:

* **mirar para otro lado** y **pasar de puntilla** sobre estas afirmaciones y sobre sus implicaciones, como si no tuvieran importancia, cuando realmente la tienen y mucha, tanto teórica como práctica, es decir, científica y empresarial (sobre todo en **la ecuación del VAN: el mayor disparate científico de la historia,** en dura competencia con la ecuación de Olbers);

* o calificar de **ridícula** la pretensión de que la variable TIR tenga significado (como se ha hecho: **¡en un libro de texto para indefensos estudiantes!**);

* y mucho menos aún, tratar de **explicar** los resultados paradójicos?

¿Se es consciente de que **de hacer esto**, se incurriría en lo que criticaba *Gracián* en *El criticón?*: «*Pardiez, decía otro, que **aquello no es razonar, sino rebuznar** ..., el topo pasa por lince, la rana por canario, la gallina pasa plaza de león, el grillo de jilguero, el jumento de aguilucho.* ... (las negritas son mías)»

El **único proceder correcto** ante este problema no puede ser otro que el de investigar en las tradicionales ecuaciones del TIR y del VAN, para averiguar qué **virus** las ha infectado: justo lo que se hace en este libro es presentar el resultado de dicha investigación, es decir, presentar la **solución** de las **paradojas financieras** de la rentabilidad y de la renta de las inversiones pluriperiodales.

Llegados aquí cabe preguntarse: **si son idénticos** ¿por qué tienen **formas diferentes** la rentabilidad definida y la rentabilidad calculada?; es decir, ¿cómo es que **la fórmula** por la que **se define** la rentabilidad **(un cociente entre números reales)** es diferente de la fórmula por la que **se calcula** la rentabilidad **(una ecuación de grado n)**. A esto hay que decir que ello no sería un problema si **siempre** se obtuviera **el mismo** resultado; pero sabemos que esto no es así, sino que solo en algunos casos **(la mayoría)** se obtiene el mismo resultado. Ahora bien la mayoría no es lo mismo que siempre; razón por la cual ya se puede afirmar que la tradicional fórmula de cálculo de la rentabilidad **no es (no puede ser)** la forma correcta para calcular la rentabilidad. Anticipándome al contenido de este libro he de decir que la tradicional ecuación del TIR es en realidad **una deformación** de **la forma correcta** de cálculo: con la que **siempre** se obtiene **el mismo** resultado **(el correcto)** que con la ecuación de definición de la rentabilidad, y con la que **nunca** se producen **resultados paradójicos.**

En este momento son pertinentes **tres aclaraciones importantes.** La primera es que aquí estamos hablando del **hecho extraño** de que una variable (TIR) **se defina** por medio de una ecuación (un cociente entre números reales) y, en cambio, **se calcule** por medio, no de **esa misma ecuación** (como es lo normal), sino recurriendo a **otra ecuación** (completamente distinta: una polinomio de grado n): lo extraño es que durante más de un siglo, nadie se haya preguntado por este extraño hecho. La segunda es el **hecho muy frecuente** de que cuando **no se conoce** la(s) **solución(es) algebraica(s)** de una ecuación (que en este caso es la ecuación de **cálculo:** aunque **esto no importa**), se utilicen **métodos (no ecuación) de cálculo numérico,** con el fin de encontrar la(s) **solución(es) numérica(s)** de la misma; aclarando de paso que esta(s) solución(es) siempre es (son) número(s) **real(es):** estos métodos jamás de los jamases podrán obtener como solución un número **complejo.** Y la tercera es que cuando el TIR da un resultado paradójico, **no vale refugiarse en el VAN,** porque, al ser esta ecuación hija de la del TIR, **hereda su pecado original financiero,** y hace que si el resultado del TIR es un número paradójico, el resultado del VAN **también lo es.**

Sin entrar ahora en el **análisis de los conflictos del conocimiento** (cuales son, quienes incurren en ellos, por qué surgen, y qué podemos hacer con ellos); hay que plantearse aquí dos preguntas: ¿qué ha provocado el hecho de que de las ecuaciones del TIR y del VAN **salgan** paradojas, es decir, que estas ecuaciones hayan dado resultados paradójicos?, y ¿por qué durante todo el siglo XX se ha tratado de **explicar** las paradojas financieras?

A) Las ecuaciones del TIR y del VAN **producen** paradojas porque los financieros se han **olvidado de dos de las tres dimensiones** del **referente** de las variables financieras utilizadas: algo tan **simple** como esto, algo tan **escandaloso** como esto. Con ello, en lugar de hablar (como se debe hacer en cualquier ciencia), en términos **concretos** (con **todas** las dimensiones del referente), se han utilizado unas variables **abstractas**, que, al meterlas en las ecuaciones, han provocado las paradojas: teniendo en cuenta las tres dimensiones, no puede haber paradojas.

B) El hecho de que durante todo un siglo se haya tratado de **explicar** las paradojas financieras se debe a que los financieros se han **olvidado** del **significado correcto** de la palabra **paradoja**: algo tan **simple** como esto, algo tan **escandaloso** como esto. A tal efecto hay que decir que el **origen** de **este conflicto del conocimiento** es doble: deformación del significado de los conceptos, y excesiva fragmentación del conocimiento.

1) **Deformación del significado de los conceptos**.

Estamos ante el caso de **un concepto (paradoja)** que, habiendo nacido con un **significado claro y riguroso**, por el mal uso del mismo, ha terminado adquiriendo un **significado corriente y erróneo** que ha pasado a **predominar** sobre su exacto significado. En efecto (pasando por alto barbaridades como esta «... *una especie de paradoja o acertijo*» : pues evidentemente, una paradoja no es lo mismo que un acertijo), el concepto de paradoja ha terminado significando algo así como **chocante, raro, extraño, curioso, confuso**, etc., **pero admisible** (y este primer **error lingüístico** es la clave de una **serie de errores científicos y prácticos**). Esta actitud está tan generalizada (incluso entre los propios científicos y filósofos) que, excepto en los libros de **lógica** y alguno más, prácticamente todo el mundo utiliza la palabra paradoja con el significado corriente y erróneo: dando a luz, de esta forma, a las que denomino **falsas paradojas**.

Al contrario que **los matemáticos**, que se plantearon sus famosas **"Crisis de los Fundamentos"**, precisamente por **tomarse muy en**

serio la existencia de paradojas en algunos de sus ámbitos de actuación, y terminaron por hacer de ellas un acicate para su trabajo (lo que les llevó a diferenciar los fundamentos, ontológicos o metodológicos, de la matemática ya creada, de las dificultades surgidas al crear nuevos enfoques del hacer matemático, con sus nuevos objetos matemáticos, nuevas formas de establecer le existencia de los mismos, nuevos conceptos, nuevas formas de definir los conceptos, nuevos métodos de demostración, y nuevas formas de razonamiento matemático); **los financieros** han **olvidado (o ignorado)** el **único** significado correcto de **la palabra paradoja** (un resultado **absolutamente** inaceptable para un ser **racional**) y la ha tomado por el pito del sereno, **sustituyendo el respeto debido** a tan **sagrado concepto** por un curioso **efecto compensación**, consistente en **adornarlo** con algún **adjetivo** (siempre inútil, y a veces absurdo y hasta ridículo), o en **utilizarlo** como **adjetivo** o como **adverbio**.

He aquí un alfabeto completo de ejemplos de **adjetivación del sustantivo paradoja** (por extrañas que parezcan, las citas son literales, y obtenidas en ámbitos mucho más amplios que el meramente financiero):

a) Paradojas **pequeñas** y paradojas **grandes**: «*La gran paradoja ..*», «*En una pequeña paradoja, que no termina de explicarse*», «*... mostró una paradoja tremenda*», «*... podría decirse, sin paradoja excesiva*», «*... con sus pequeñas paradojas*», «*... monumentalmente paradójico*», «*... enorme paradoja*».

b) Paradojas **actuales** y paradojas **históricas**: «*... y su paradoja histórica es que...*».

c) Paradojas **corrientes** y paradojas **raras**: «*Por rara paradoja, ...*», «*Y aquí se da una paradoja curiosa*», «*... el origen de esas curiosas paradojas*», «*... las paradojas chocantes*», «*... de una insolente paradoja*».

ch) Paradojas **absolutas** y paradojas **relativas**: «*... situaciones absolutamente paradójicas*», «*... radicalmente paradójico*».

d) Paradojas **reales** y paradojas **aparentes**: «*... pone de manifiesto una paradoja aparente*», «*Puede sonar a paradoja*», «*... para solucionar la aparente o real paradoja*».

e) Paradojas **ciertas** y paradojas **posibles**: «*Y, en este sentido, quizá sea paradójico que ...*», «*la presunta paradoja.*».

f) Paradojas **de referencia externa** y paradojas **autoreferentes**: «*... es una paradoja de la paradoja*».

g) Paradojas **unidimensionales** y paradojas **pluridimensionales**: «... *tiene algo de paradoja*», «*Podríamos, en forma algo paradójica, decir: ...*», «*Podríamos, con expresión algo paradójica, pero exacta, decir que ...*».

h) Paradojas **exactas** y paradojas **aproximadas**: «... *una tesis más o menos paradójica*», « *... y un tanto paradójica*», «... *resultan muy paradójicas*», «*El hecho es paradójico hasta no poder más*», «... *menos paradójico*», « *... no es débil paradoja*», «... *de cariz paradójico*», «... *casi paradójico*», «... *demasiado paradójico*», «... *consigue la paradoja perfecta*».

i) Paradojas **profundas** y paradojas **superficiales**: «... *algo tan claro, sino profundamente paradójico*», « *.. esta sustancial paradoja*».

j) Paradojas **claras** y paradojas **confusas**: «*Y esto es claramente paradójico para ...*», «*A la evidente paradoja*», «... *con su enigmática paradoja de ...*», « *... oscuras paradojas*».

k) Paradojas **intuitivas** y paradojas **reflexivas**: «... *es fuente de paradojas intuitivas*».

l) Paradojas **crueles** y paradojas **bondadosas**: «*Cruel paradoja la del ...*», «... *una paradoja cruel, que ...*».

ll) Paradojas **alegres** y paradojas **tristes**: «*resulta una paradoja regocijante ...*».

m) Paradojas **fructíferas** y paradojas **estériles**: «*La paradoja fructífera de ...*».

n) Paradojas **geniales** y paradojas **vulgares**: «... *titubeaba ante su genial paradoja*», «*Si la genial paradoja...*», «... *de creativa paradoja*».

ñ) Paradojas **dramáticas** y paradojas **de comedia**: «... *en las dramáticas paradojas del ...*».

o) Paradojas **trágicas** y paradojas **sin desafío inescapable**: «*La trágica paradoja de que ...*», « *... audaz paradoja*».

p) Paradojas **constantes** y paradojas **cambiantes**: «... *la paradoja constante .... y una paradoja de carácter temporal*».

q) Paradojas **escandalosas** y paradojas **silenciosas**: «... *plantea una escandalosa paradoja*».

r) Paradojas **soportables** y paradojas **insoportables**: «... *y una insoportable paradoja*».

s) Paradojas **previstas** y paradojas **imprevistas**: «... *de las más imprevista paradoja*».

t) Paradojas **evitables** y paradojas **inevitables**: «... *en una monumental pero inevitable paradoja*».

u) Paradojas **voluntarias** y paradojas **involuntarias**: «*... será todo lo paradójico que se quiera*».

v) Paradojas **inteligentes** y paradojas **necias**: «*De aquí nacieron esas necias paradojas*».

w) Paradojas **inteligibles** y paradojas **ininteligibles**: «*Aunque lleno de ininteligibles paradojas*».

x) Paradojas **engendradas** y paradojas **no engendradas**: «*... la ingénita paradoja*».

y) Paradojas **completas** y paradojas **incompletas**: «*Y para que la paradoja sea más completa ...*».

z) Paradojas **lógicas** y paradojas **ilógicas**: «*Paradójica pero lógicamente ...*»; «*... esta lógica llena de paradojas.*».

Completado este muestrario seguí encontrando más calificaciones de las paradojas que no he incluido por razones obvias, pero hay una que no me resisto a indicar: Paradojas **humanas** y paradojas **divinas**: «*¡oh, divina paradoja!*». **¡Santo cielo!**

Evidentemente, todas estas afirmaciones se han hecho porque se estaba pensando en el significado corriente y erróneo de la palabra paradoja; con el significado exacto todas ellas se convierten en **auténticos disparates**, y la última (z) posiblemente en **el mayor disparate** que pueda decir un ser humano (una afirmación no puede ser lógica y paradójica a la vez: eso sí es una auténtica paradoja), en clara disputa con este párrafo de *Rousseau*: «*Lectores corrientes, perdonadme mis paradojas; cuando se reflexiona, son indispensables, y a pesar de todo lo que se pueda decir, es preferible ser un hombre de paradojas que uno lleno de preocupaciones*».

Si de las paradojas como sustantivo pasamos a **la paradoja como adjetivo**, nos encontramos con afirmaciones tan disparatadas como la siguiente: «*... solo puede describirse aproximadamente ... por medio de conceptos paradójicos , ... una hipótesis paradójica pero no absurda*».

Y por último pasando **a la paradoja como adverbio**, nos enteramos de que los temas se pueden tratar «*... paradojalmente*».

En resumidas cuentas, es imposible hacer ciencia con estas formas de faltarle el respeto a uno de los conceptos más sagrados del razonamiento lógico.

2) **La excesiva fragmentación del conocimiento**.

La **superespecialización**, ha conducido al **olvido** de algunas **cuestiones básicas** de **toda ciencia**, tales como que:

a) El concepto de paradoja (**el correcto**) es **incompatible** con la ciencia. ¿Cómo **razonar** con una persona a quien no le importa admitir una paradoja, es decir, a quien no le importa **contradecirse**? De ninguna manera: es algo **absolutamente** imposible.

b) En cualquier ciencia, los **resultados** de una teoría (método, ecuación, etc.) tienen que ser **compatibles** con las **definiciones** básicas **propias** de esa ciencia; es decir, no pueden ser **contradictorios** con las mismas.

c) Si una teoría (método, ecuación, etc.) produce **resultados paradó-jicos**, entonces, **necesariamente**, es una teoría **conceptualmente** falsa (aunque no se sepa el porqué), y por esta razón es (en todos los supuestos) o puede ser (en algunos supuestos) **calculatoriamente** falsa (esto último es lo que ocurre en el caso de las paradojas de la rentabilidad).

d) Las variables científicas **necesariamente** tienen un **significado** científico.

e) **Explicar** no es lo mismo que subsumir o que contar; y **entender** no es lo mismo que identificar.

En relación con las paradojas hay que hacer algunas puntualizaciones, a saber:

1) Frente a las **paradojas** (en el **significado correcto** del término) caben **tres posturas**: admitirlas, explicarlas o solucionarlas; **solo** la tercera es correcta: justo la que **nunca** se ha tomado en relación con las paradojas financieras de la rentabilidad (TIR) y de la renta (VAN), y la que he seguido en este libro.

a) **Admitir** una paradoja es un **error lógico** que se debe evitar, pues en caso contrario se entraría en el campo de la **irracionalidad**. ¿Por qué se admiten las paradojas?; decía *Novalis*: «*Ante las paradojas sentimos bochorno. Y esa es la razón por la que parecen tan distinguidas*».

Una muestra de esta irracionalidad es la conocida anécdota ocurrida entre el renombrado filósofo *Wittgenstein* y el gran matemático *Turing*. Preguntaba aquel: «"*¿Por qué te molestan las contradicciones en la matemática?*"; a lo que este respondía "*porque si aplico una teoría contradictoria a la construcción de puentes, el puente puede caerse*"». Curiosamente esta (correcta) defensa a ultranza de la racionalidad por parte de *Turing*, no le impidió incurrir en una **paradoja de comportamiento**. En efecto, en un estado de ebriedad mental transitoria, debido a la explosiva mezcla de agotamiento (por el infernal trabajo por tratar de desvelar los códigos secretos de la marina alemana en la II guerra mundial) y satisfacción (por haberlo logrado), propuso matrimonio a su colaboradora la señora *Clarke*, proposición que, al serle aceptada por esta, tuvo que retirar inmediatamente, confesándole que no podía por ser homosexual.

Los resultados paradójicos de la tradicional ecuación del TIR se suelen presentar bajo el epígrafe "Inconsistencia del TIR". Hace mucho tiempo que, **entre los propios lógicos**, se vienen tomando los términos **inconsistencia** e **incoherencia** como sinónimos, cuando realmente no lo son. Y este segundo **error lingüístico** ha ocasionado el hecho de que la **incoherencia (irracionalidad)** de los resultados de la tradicional ecuación del TIR haya quedado **camuflada**, al haberse **sustituido (incorrectamente)** el término incoherencia por un término que, con el tiempo, ha terminado por resultar **(al menos entre los financieros)** un tanto **vago, impreciso y confuso (un pecado venial: y por eso admitido en este caso)**, el de **inconsistencia** (concepto **aplicable** a los objetos **materiales,** pero no a los conceptuales; a los resultados de una ecuación se los puede calificar de coherentes o de incoherentes; al hierro y al agua, de consistentes y de inconsistentes, respectivamente).

b) Pretender **explicar** una paradoja es un **error lógico-epistemológico** que cualquier ciencia ha de evitar, para no incurrir en un comportamiento **anticientífico**. Durante todo el siglo XX se ha tratado de encontrar una explicación a las mencionadas paradojas de la rentabilidad y de la renta, sin caer en la cuenta de que esto es un verdadero **sin sentido**, ya que si fuera posible no habría paradojas: es una tarea tan inútil como tratar de explicar la salida de un callejón sin salida (si por definición no hay salida, ¿cómo vamos a explicarla?). Si una proposición es paradójica es inexplicable; y si es explicable no es paradójica. Es **imposible** que una proposición sea, **a la vez**, paradójica y explicable.

Incurrir en **paradoja** (auténticas como las financieras aquí tratadas) es cometer un **asesinato conceptual** (algo **falla** en la ciencia que la comete: **sin posibilidad de duda**). Lo que hay que hacer (lo que **siempre** se ha hecho en estos casos) es encontrar **la solución** (encontrar **al asesino**) para evitar que se vuelva a cometer; y cuando en lugar de ello se ha pretendido dar **una explicación** a la paradoja, lo único que se ha hecho es lo que *Einstein* llamaba (y despreciaba) una **acrobacia intelectual**. En estas acrobacias explicativas se echa mano de afirmaciones paradójicas, tal vez porque se piense que, como decía *José Bergamín: «La paradoja es un paracaídas del pensamiento»*, sin percatarse de que se trata de un **paracaídas roto**.

Algunas de las paradojas científicas son **ecuaciones**. Repetidamente me he preguntado por qué los científicos no se revelaban contra las ecuaciones que provocan resultados paradójicos. Después de algún tiempo encontré la respuesta, que suelo resumir en una frase que hunde sus raíces en *Ortega y Gasset*, dice así: El **suelo** que pisamos, nuestro propio **fundamento**, como personas o como científicos, está empedrado con **creencias**. Estas creencias (lo que *Calderón* llamaba *la mentira azul de las gentes*) son tan pegajosas, tan viscosas, que dificultan enormemente tanto el **surgimiento** como el **libre movimiento** de las ideas. A este respecto decía *Karl Popper: «Estoy del lado de la búsqueda de la verdad y del atrevimiento intelectual en esa búsqueda; pero estoy en contra de la arrogancia intelectual y, explícitamente, contra la pretensión de que tenemos la verdad en el bolsillo...».*

Estas creencias calan tan hondo en quienes las reciben que hacen que vean con **claridad** proposiciones **paradójicas**. Ante esto solo cabe acordarse de estos versos de *Antonio Machado*:

En mi soledad,
he visto cosas muy claras
que no son verdad.

Una de estas creencias es la **falsa equiparación** entre una ecuación que produce resultados paradójicos y una ecuación que produce resultados raros pero admisibles; esta equiparación es el fundamento de los que tratan de encontrar una explicación rara, pero igualmente admisible, a las parado-jas. Ahora bien, con esta forma de proceder se ha cometido un doble error. Primero, el **error lógico** de la **equiparación**, es decir, el de tomar como simples resultados **raros** a lo que realmente son resultados **paradójicos**, es decir, resultados contradictorios con la definición de rentabilidad (que es lo que representa y mide el TIR) y de la renta (que es lo que representa y mide el VAN). Segundo, el **error epistemológico** de dar como **explicación científica** a lo que realmente no lo es.

Ante este **desolador panorama** cabe preguntarse: **¿cómo ha sido posible permanecer en estos errores, durante todo un siglo?** ¿Cómo es posible que, desde que se propusieron los criterios del TIR y del VAN, **nadie** se haya preguntado por el **significado, errores y limitaciones** de los mismos: dadas sus fórmulas de cálculo? Hablo de **preguntarse**, no de **haber resuelto** (el teorema de *Fermat* se ha tardado siglos en resolver debido a su complejidad; mientras que el problema de las paradojas financieras no se ha resuelto hasta ahora porque **no se había planteado, como tal**, y esto no se ha hecho por el predominio del significado vulgar e incorrecto de la palabra paradoja). Al cabo de los años terminé por encontrar la explicación, que tiene tres partes: la teórica la práctica, y la psicológica.

La **explicación teórica** tiene a su vez dos componentes. El primero, el **prestigio del lenguaje matemático**, que impide ver el hecho de con él también se pueden **decir falsedades**, y que es el responsable de que en estos casos se pueda decir lo de *Glaucón* a *Sócrates* en el diálogo platónico La república III: «*Parece que todo cuanto engaña hechiza*», o como dice el poeta del Barroco *Andrés Fernández de Andrada*: «*En nuestro engaño, inmóviles vivimos*». Y el segundo, el hecho, literal e indiscutible para todo el mundo, incluidos los **científicos**, de que como dice *Julián Marías*: «*vivimos de creencias*».

Esto mismo les sucedió a los físicos, respecto de la **Paradoja del gato** de *Schrödinger*, como nos recuerda *Mario Bunge*: «*Sin embargo, tal es el poder del símbolo, sobre todo cuando lo ejerce una autoridad, que hasta Schrödinger cayó en su propia trampa, y cientos de físicos y filósofos competentes lo siguieron como corderitos*».

Respecto de los **errores**, decía *Ortega y Gasset*: «*El pensamiento es un pájaro extraño que se alimenta de sus propios errores. Progresa merced al derroche de esfuerzo con que se dedica a recorrer hasta el fin vías muertas.*

Sólo cuando una idea se lleva hasta sus últimas consecuencias revela claramente su invalidez. Hay, pues, que embarcarse en ella decidido, con rumbo al naufragio. De esta manera se van eliminando las grandes equivocaciones y va quedando exenta la verdad. El hombre necesita agotar el error para acorralar el cuerpo arisco de la verdad».

La **explicación práctica** también tiene dos componentes. El primero es que en los **casos normales** el TIR da como resultado la verdadera rentabilidad (un único número real): lo cual es, si no suficiente, al menos una **importante excusa** para justificar esta creencia. Decía *Hobbes*: «*Algunas señales de ciencia son ciertas e infalibles, y otras son inciertas. Son ciertas, cuando...; son inciertas, cuando solo **algunos eventos particulares** responden a su pretensión* (las negritas son mías)». Y el segundo es que en lugar de tomar las ecuaciones de equivalencia financiera como un **teorema**, se ha creído en ellas como en los **dogmas**: por medio de un **acto de fe**, reforzado por el hecho de que eso era lo que **siempre** se ha dicho en **todos** los libros, explicado en **todas** las Universidades del mundo, y aplicado en **todas** las empresas del mundo. No se tuvo en cuenta la posibilidad de **errores unánimes** a los que se refiere *Hobbes*: «*Y un razonamiento no es correcto simplemente porque muchísimos hombres lo hayan aprobado unánimemente.*

Pero quienes solo se fían de la autoridad de los libros, siguen ciegamente a un ciego, ...», ni la de **disparates unánimes** a los que se refiere *José Antonio Marina*: «*Los hombres han estado mayoritariamente de acuerdo en colosales disparates. El simple acuerdo no garantiza la validez de lo acordado*».

Mucha satisfacción me produjo comprobar, años más tarde, en el libro *Pensar rápido, pensar despacio* de Daniel Kanheman (un psicólogo premio nobel de economía en el año 2.001: no es un error), que esta **crédula forma de proceder** es una **explicación psicológica** muy habitual entre los propios científicos: "*Es un misterio que una concepción de las estimaciones de utilidad tan vulnerable a estos obvios contraejemplos sobreviviera tanto tiempo* [se refiere a la teoría de la utilidad esperada, de Daniel Bernouilli de 1.738]. *Solo puedo explicarlo por una flaqueza intelectual que a menudo he observado en mí mismo. La llamo ceguera inducida por la teoría: cuando hemos aceptado una teoría y la hemos usado como herramienta en nuestro pensamiento, es extraordinariamente difícil apreciar sus fallos. Si en alguna ocasión observamos algo que no parece ajustarse al modelo, suponemos que ha de haber una perfecta explicación que de algún modo se nos escapa. Concedemos a la teoría el beneficio de la duda porque confiamos en la comunidad de expertos que la han aceptado.*

... Un ejemplo impresionante de ceguera inducida por una teoría es que este fallo evidente en la teoría de Bernoulli no lo advirtieron los estudiosos durante más de doscientos cincuenta años".

c)   Desde el punto de vista **epistemológico** lo **único** que se puede hacer con una paradoja es tratar de encontrar su **solución** (no su explicación); es decir, tratar de encontrar algo **nuevo** que acabe con ella: una **salida** todavía **oculta**, y por tanto **desconocida**. Así se ha hecho **siempre** con **todas** las paradojas: **matemáticas** (uno de los objetivos de la construcción axiomática de *Zermelo* era resolver, no explicar, las paradojas que desde 1903 habían formulado *Russell* y otros; *Peano*, que atribuía el origen de las paradojas matemáticas "serias" al manejo del lenguaje ordinario, con sus vaguedades e imprecisiones, pensó que solo un lenguaje formal podría impedir la aparición de paradojas matemáticas; en resumen, que los matemáticos se preocuparon de averiguar no solo el origen de las paradojas sino también de cómo solucionar las ya formuladas y de evitar que pudieran surgir otras en el futuro); **científicas** (por ejemplo la de *Olbers* en física), **filosóficas** (por ejemplo la de *Zenón* sobre el movimiento) y **literarias** (como la paradoja del ahorcado del capítulo LI del Quijote). Y aunque haya pasado mucho tiempo desde que se formulase una paradoja, no hay que amedrentarse por ello, pues el paso del tiempo no convierte a la paradoja en **verdadera** sino en **rancia. La Biblia dice que** el Sol gira alrededor de la Tierra, pero de nada sirve empecinarse en tal afirmación, porque **la ciencia dice que** es al revés; **la Biblia dice que** el número π vale 3,20 exactamente, pero de nada sirve empecinarse en tal afirmación, **porque la ciencia dice que** el número π tiene infinitos decimales; **la Biblia dice que** el murciélago es un ave, pero de nada sirve empecinarse en tal afirmación, porque **la ciencia dice que** es un mamífero; **la bíblica ecuación del TIR dice que** la rentabilidad, además de un único número real, también puede ser un número complejo o varios números reales, pero de nada sirve empecinarse en tal afirmación, porque **la ciencia financiera dice que** la rentabilidad es el cociente entre dos números reales, **y la ciencia matemática dice que** el cociente entre dos números reales es un único número real. A este **más que secular empecinamiento de los financieros** en desmentir lo imposible, solo se le puede responder con estos versos de Valentín de Céspedes en *Fábula de Mirra:*

> *Engañando al desengaño,*
> *mi vanidad entretengo,*
> *y seguridades finjo,*
> *cuando imposibles desmiento.*

En marzo de 2.017, Miles Soloman, un estudiante de física avanzada estaba observando datos de la Agencia espacial estadounidense, y le dio por ver cuáles eran **los valores mínimos de energía;** al observar un determinado dato, escribió un ecorreo a la Agencia, diciéndole que **su ecuación de cálculo (que no conocía) estaba equivocada.** Cabe preguntarse

¿qué dato vio el estudiante para atreverse a enmendarles la plana a tan cualificados científicos? Algo extremadamente simple, en un caso **la energía tomaba un valor negativo,** y como eso es **contradictorio con la definición del concepto de energía** (exactamente lo mismo que ocurre con nuestras rentabilidades complejas o varias simultáneas), no tuvo mucho que pensar; de aceptar la contradicción, incurriría en paradoja (en realidad aporía), y proclamaría su irracionalidad, y como se consideraba racional no le quedaba más remedio que plantear el siguiente dilema: **o cambiaban la física o cambiaban su ecuación de cálculo.** Hay que decir que, **los físicos lo entendieron a la primera, y, no solo se lo agradecieron, sino que le pidieron ayuda para solucionar el problema.** Desgraciadamente los financieros llevan más de un siglo aceptado sus paradojas financieras: sin inmutarse.

En estos casos hay que acordarse del siguiente lema de *Santiago Ramón y Cajal*: «*En general, puede afirmarse que no hay cuestiones agotadas; sino hombres agotados en las cuestiones. Esquilmado por un sabio el terreno, muéstrase fecundo para otro. Un talento de refresco, llegado **sin prejuicio** al análisis de un asunto, siempre hallará un aspecto nuevo, algo de que no se percataron quienes **creyeron** definitivamente apurado aquel estudio. Tan fragmentario es nuestro saber, que **aun en los temas más prolijamente explorados surgen a lo mejor inéditos hallazgos*** (las negritas son mías)».

Las **explicaciones** (financieras y analógicas) que se han dado de las paradojas de la rentabilidad son **falsas por imposibles**, y en todas ellas **faltan** los **dos conceptos epistemológicos** sin los cuales es imposible **explicar (y entender)** nada: que son **la clave** para encontrar **la solución** de las paradojas. Uno de estos conceptos ha sido sustituido por un **sucedáneo** (tan sutil que se lo ha confundido con el concepto sustituido), pero el otro está **oculto** (¿dónde y cómo?, se preguntará el lector) y es el secreto último de esta investigación. Precisamente en **el signo** de la variable que representa a este segundo y escondido concepto está la clave para solucionar (no explicar) las paradojas de la rentabilidad y de la renta de las inversiones pluriperiodales. Decía *Eráclito* que «*La naturaleza gusta de ocultarse*». Este **ocultamiento** es el que nos obliga a **buscar** hasta **encontrar**. Búsqueda que ha de hacerse con la mentalidad que manifiesta el propio *Eráclito*: «*Si no se espera lo inesperado, no se lo hallará, dado lo inhallable y difícil de acceder que es*».

Cuando se **abandona** el significado corriente del término paradoja y nos quedamos con el correcto, nos encontramos con que **se resquebraja** nuestra **creencia** en la **validez** de las ecuaciones de equivalencia de la rentabilidad (TIR) y de la renta (VAN), dando pie a que puedan surgir las **ideas**; y es entonces, cuando, como decía *José Ortega y Gasset*: «*Se advierte, desde luego, el carácter ortopédico de las ideas: actúan allí donde una creencia se ha roto o debilitado*».

Y son precisamente estas **ideas, nuevas y constructivas,** lo más importante de la ciencia. Mucho antes de que surgiera el negativismo epistemológico que *Karl Popper* expuso en su teoría del falsacionismo, ya era este rechazado por *Santiago Ramón y Cajal*: «*Empero, no basta con destruir; hay que construir. La crítica científica se justifica solamente entregando a cambio de un error, una verdad*».

2) En relación con la **carencia de significado económico** de la variable económica representativa de la rentabilidad (TIR), se pueden hacer las siguientes puntualizaciones:

a) La **rentabilidad** es una variable que **se define** como la capacidad de producir renta de un capital invertido durante un período determinado; y **se mide** por el cociente entre la renta proporcionada (número **real**: positivo, negativo, o nulo) y los fondos invertidos (número **real** positivo) durante un período determinado.

b) El cociente entre dos números reales es **siempre** un **único** número **real**: esto es **razón suficiente** para afirmar, primero, que **toda inversión tiene siempre solución**, es decir, **tiene siempre rentabilidad,** y segundo, que es **absolutamente** imposible que la rentabilidad de una inversión sea un número **complejo** o **varios** números **reales**; pues, **aunque no se sepa el porqué**, sí se sabe que estos son resultados **paradójicos**, es decir, **contradictorios** con la propia definición de rentabilidad.

En este caso basta acudir al conocido método (tan usado en la matemática) de **demostración por reducción al absurdo**. En efecto, **financieramente** hablando, hay algo más **absurdo** que decir que la rentabilidad de una inversión es **un número complejo** (o lo que es lo mismo, que o el importe invertido o la renta obtenida de la inversión, o los dos, son números complejos): ¿en qué **mágica moneda** se entregan y se reciben dichos importes?, ¿qué es un número complejo de esa mágica moneda?, ¿quién, cuándo, dónde y cómo ha manejado esa mágica moneda?, ¿cómo se cuentan los números complejos de esa mágica moneda?, ¿por qué se toma en serio lo que solo se puede calificar como **broma financiera** o como **chiste financiero**? Y si, con este tipo de solución con número complejo, se toma **solo la parte entera** de la misma, entonces nos encontramos que **esa parte** ni siquiera es **solución matemática de la ecuación**, y por tanto tampoco es **solución financiera de la inversión**.

En resumen; en estos casos se habla de solución compleja, cuando **lo verdadero** es decir que **ese número** complejo **no es solución** del problema **financiero** (aunque lo sea de la ecuación); pues sino también estaríamos aceptando que **según esa ecuación**, habría inversiones que **no tendrían solución**, o lo que es lo mismo, que habría inversiones que **no tendrían rentabilidad**: ¿se puede decir algo más **absurdo** que esto?, ¿de qué estamos hablando, de **ciencia financiera** o de **magia financiera**?

A este respecto conviene hacer una advertencia. En finanzas no sucede como en física (por ejemplo en **fenómenos eléctricos**) en donde se opera con números complejos de dos unidades, la real y la imaginaria, siendo esta última un **auxiliar transitorio**, que, al llegar a la fase última, la fase de **realidad física**, se multiplica por su complejo conjugado, $(a + b \star i) \star (a - b \star i)$, obteniéndose el resultado $(a2 - b2)$, que es un número **real**. En efecto, en finanzas solo hay unidades monetarias **reales**, es decir, unidades **contantes** y **sonantes** (nunca mejor dicho) **en todo momento**, es decir, **en cualquier fase** del **proceso financiero** (desde la primera a la última). La consecuencia de ello es que, al no haber auxiliares transitorios, el resultado $(a2 - b2)$ no es solución **matemática** (y por tanto tampoco **financiera**) de la ecuación del TIR, es decir, volveríamos a estar ante el **absurdo** de una inversión sin solución, **sin rentabilidad**.

c) Una cuestión es que se tenga dificultad en **determinar** el significado de un concepto, como del tiempo decía *san Agustín*: «*Mientras no preguntes por el tiempo, sé lo que es, pero si me preguntas por él, ya no lo sé*», y otra es **negarle** el significado a un concepto (o a la variable que lo representa como en este caso).

d) ¿**Cómo explicaría** *Wrigth* que un concepto económico carece de significado económico?; ¿**cómo entendería** *Wrigth* que un concepto económico carece de significado económico?; ¿**qué entendería** *Wrigth* por entender y por explicar?; ¿**cómo explicaría** *Wrigth* el significado de entender y de explicar?

Para caer en la cuenta de lo absurdo que es negar el significado a un concepto (cualquiera que sea la ciencia a la que este pertenezca: salvo, claro está, las abstractas, es decir, las no interpretadas) imaginemos el siguiente diálogo:

* *Enfermo: ¿Qué me van a hacer Doctor?*
* *Médico: De momento, tomarle la tensión.*
* *Enfermo: ¿Y qué significa eso de la tensión?*
* *Médico: Usted no se preocupe, esta variable médica es una mera convención matemática desprovista de todo significado médico.*
* *Enfermo: ¿Para qué me la toman, entonces?*

Eso mismo me pregunté yo cuando leí la afirmación de *Wrigth*. ¿Si el TIR (variable económica) no tiene significado económico para que se calcula? Lo curioso es que se ha llegado a ridiculizar, por absurda, la pretensión de que el TIR tuviera un significado. Me acordé de estos versos de *Pedro Calderón de la Barca*:

¿Qué explicación hay en eso
que dar? Si solo es, señor,
fantasía, que del eco
mal pronunciada nos vuelve
destroncados los conceptos.

e) El **dilema** que se nos plantea aquí es el siguiente. Tenemos, por una parte, la **definición de rentabilidad**, aceptada por todo el mundo, y, por otra, la **ecuación de la rentabilidad**, también aceptada por todo el mundo. **Según la definición**, la rentabilidad solo puede tomar como valor un único número real. **Según la ecuación**, la rentabilidad puede tomar como valor un único número real, pero también un número complejo, o varios números reales.

f) La **solución del dilema** es bien sencillo: o la definición no es válida o la ecuación es conceptualmente falsa. Como no creo que nadie se atreva a **cambiar la definición de rentabilidad**, o **cambiar la matemática**, no queda más remedio que afirmar (categóricamente, y sin miedo alguno) que, (aunque no se sepa el porqué: que es lo que me pasó a mí, hasta que encontré la solución), **la ecuación de la rentabilidad** es **conceptualmente incompleta,** y, por tanto, **conceptualmente falsa**: aunque, como veremos, **se seguirá utilizando,** pero **con imprescindibles cálculos y comprobaciones adicionales.**

g) Curiosamente (no paradójicamente), *Wrigth* habría tenido razón si, en lugar de negar el significado económico al TIR, hubiese afirmado que **de la ecuación del TIR no se puede obtener (y por tanto entender y explicar) el significado del mismo)**; la razón ya la he anticipado: a esta ecuación le faltan los dos conceptos **imprescindibles** para entender y explicar el TIR (tengo la sospecha de que esta es la razón que explica la errónea afirmación de *Wrigth*).

h) Sé que provocará sorpresa lo que estoy diciendo, después de todo un siglo de **creer** lo contrario. Sé que es difícil luchar contra lo establecido, como muy bien sabía *Voltaire*: «*Se necesita el transcurso de siglos para destruir una opinión popular.*

Llaman a la opinión "reina del mundo", y lo es de tal modo, que cuando la razón pelea contra ella para destruirla, la razón queda sentenciada a muerte: necesita renacer veinte veces de sus propias cenizas para expulsar blandamente a la usurpadora».

Pero nuestro dilema es imperioso, nos obliga a sustituir las creencias que provocan conflictos entre los conocimientos, por ideas nacidas de la ruptura de aquellas. Como dice *Julián Marías*: «*Lo más respetable del mundo es la realidad*»: es muy terca y no se deja avasallar por nadie, ni por ideas ni por creencias. En este caso, la terca realidad no es otra que la **definición de rentabilidad**, que **exige** que se la respete. Sobre esta sólida base no quedaba otra alternativa que seguir el lema de *Kant*: «*sapere aude: artrévete a saber*», en el convencimiento de que como decía *D'Alembert*: «*la razón terminará por tener razón*».

El **punto de llegada** (los resultados obtenidos en esta investigación) se puede dividir en cuatro bloques:

1) La **solución** de las paradojas de la rentabilidad (TIR) y de la renta (VAN).

Muchas veces, tan importante como mostrar los **resultados** obtenidos en una investigación científica, es mostrar el **proceso** seguido en la misma (la solución de **un problema inverso:** un largo viaje a lo **implícito** y a lo **oculto**, en el que se van mostrando las sucesivas **sorpresas** encontradas, **desde las más simples a las más complejas**); y esto es lo que se hace en este libro:

a) Inicio del proceso investigador.

b) Culminación de esta fase del proceso investigador.

c) Visión metodológica completa: lógica, epistemológica, económica, matemática, financiera, y contable.

Con esta forma de proceder evito incurrir en la pedantería de aquellos a los que se refiere *Santiago Ramón y Cajal: «los cuales, inspirados en la pueril vanidad de asombrar a las gentes con el poder de su penetración, se reservan los detalles de los procedimientos que les habían conducido a la verdad. Afortunadamente, el esoterismo va desapareciendo de la Ciencia, ...».*

2) Las cuatro **causas** de que se produzcan las paradojas de la rentabilidad (TIR) y de la renta (VAN).

3) Las **consecuencias (teóricas y prácticas)** de la solución, a saber (entre otras):

a) **No se producen** (nunca) **resultados paradójicos**.

b) Se encuentra el **significado del TIR**, explicando el error de *Wrigth*.

c) Se demuestra cual es la **condición necesaria** de la rentabilidad, y cual la **condición necesaria y suficiente** de la rentabilidad; es decir, cuándo es **válida,** y **por qué**, la aplicación de la tradicional ecuación del TIR.

d) Se muestra la ecuación correcta que **sustituye** a la tradicional ecuación del VAN, que es la que sufre **las peores consecuencias** causadas por la tradicional ecuación del TIR.

4) El **nuevo método operativo**, a saber: el Programa Financiero **RCV321**, que opera con **los datos teóricos tradicionales**, y muestra cuándo, **con esos datos (a veces parcialmente incorrectos)**, se produce la **ruptura** del mecanismo financiero o la **mezcla** de dos mecanismos financieros.

Cuando todo esto estuvo terminado, aún hube de completar la investigación, planteando y resolviendo el problema de la ecuación de la rentabilidad como **ecuación de fundamento** de la ciencia financiera. El problema surgió al **comparar dos ecuaciones de equivalencia**: la ecuación de la **relatividad** de *Einstein* y la tradicional ecuación de la **rentabilidad**. Un problema cuya solución llego a convertirse en un auténtico misterio para mí, pues en ningún tipo de libros, fueran estos de finanzas, matemáticas o epistemología, encontraba la más mínima pista que me orientara hacia la solución.

El problema era este: siendo **las dos fórmulas** una **ecuación de equivalencia**, por qué la ecuación de equivalencia de la **relatividad** de *Einstein* sí forma parte de los fundamentos de la mecánica relativista, y como tal aceptada, por la comunidad científica (con su triste confirmación empírica), mientras que la **tradicional** ecuación de equivalencia de la **rentabilidad** daba los peores resultados que se pueden esperar de una ecuación, los absolutamente inadmisible, los resultados paradójicos, razón por la cual no puede ser fundamento de la ciencia financiera.

Al fin pude conseguirlo, sacando jugo a las enseñanzas del gran maestro, *Mario Bunge* (el filósofo de los científicos), y demostrar, en relación con el tema clave de las **ecuaciones de fundamento** de una teoría científica, que no todas las **ecuaciones de equivalencia** cumplen **la misma función científica**, que no todas pueden formar parte de los **fundamentos** de una ciencia, y que en este caso hay una **diferencia epistemológica** entre ambas ecuaciones **en la que no se ha reparado nunca**.

En efecto, no es lo mismo una ecuación de **especificación** de un concepto **primario**, que una ecuación de **definición** de un concepto **secundario**, o una ecuación de **exposición** de un **mecanismo** científico: la ecuación de la rentabilidad no se corresponde con **ninguno** de estos tres tipos de ecuaciones; y los **resultados paradójicos** se producen justo por utilizar una **incompleta** ecuación de **cálculo** (que **no es equivalente a la de definición**) de un **concepto secundario** (**ecuación de** cálculo ≠ **método de** cálculo numérico).

Aunque la ecuación de la rentabilidad surgió **directamente,** en realidad **procede** (aunque **esto todavía se desconoce**) de la **transformación** de un **peculiar** (y **todavía desconocido) sistema** de ecuaciones representativo de un **mecanismo financiero.** Esta **transformación algebraica** (una de las **dos posibles** de dicho sistema de ecuaciones) es la que provoca una **diferencia analítica** esencial (que genera lo que en álgebra se llama **soluciones extrañas**: justo nuestras **soluciones complejas y varias soluciones reales**).

Esta **diferencia analítica** no se puede ver si no se conoce la solución de las paradojas de la rentabilidad, es decir, si no se conoce el referido **sistema** de ecuaciones: y aunque no se ha aplicado hasta ahora a este problema financiero, la matemática la conoce desde hace siglos.

Al finalizar la lectura de este libro, el lector, **con toda seguridad**, repetirá estas palabras de *Schumpeter*: «*lo obvio es a veces precisamente lo que la gente* *se niega más tenazmente a ver»*. En efecto; **las monedas tienen dos caras**; a fuerza de mirar a una de ellas durante un siglo, los financieros se han olvidado de **la otra cara de la moneda de la rentabilidad**; y ahí, en la otra cara de esta moneda está la solución de todas estas paradojas: **en el signo** de la variable que la representa.

Desde el punto de vista **institucional** hay que decir que el hecho de que a estas alturas de la historia (2.500 años después de que *Zenón de Elea* planteara las paradojas del movimiento) se haya llegado a esta situación es algo realmente bochornoso para la Humanidad. Habría bastado (en nuestro caso) que se hubieran conocido el **significado correcto** de solo **tres palabras** (paradoja, coherencia y consistencia) para que se hubiera evitado este tremendo desaguisado que se ha organizado sobre la rentabilidad de las inversiones pluriperiodales. Dado que el desaguisado es mundial, y afecta a todo tipo de científicos, debo aconsejar a los gobernantes de todas las naciones del mundo que se esmeren, mucho más de lo que lo hacen, con el fin de construir **sistemas educativos** mucho más **eficientes** que los realmente existentes; porque como decía *Goethe*: «*El verdadero oscurantismo no es que se impida la difusión de lo verdadero, claro, útil, sino que se propague lo falso*»; lo cual sucede precisamente por la **aplicación mecánica** de las reglas (ecuaciones en este caso); o lo que es lo mismo, por la **falta de reflexión.** Confieso, con orgullo, que el mayor elogio pedagógico que he recibido en mi vida, me lo dio uno de los participantes en un Seminario que impartí acerca del contenido de la primera parte de este libro: *"Es bueno que te hagan reflexionar"*; y para hacerlo conviene no olvidar nunca este consejo de George Polya: *"**Pedantería y maestría** son dos actividades opuestas que se pueden adoptar respecto de las reglas.*

1) Aplicar una regla al pie de la letra, en forma rígida, sin plantearse preguntas, tanto si es aplicable o no, es pedantería.

....

Y si, inclinado a la pedantería, estima que debe apoyarse en una regla, observe esta: emplear siempre y ante todo la inteligencia".

En homenaje a la moneda con que se inició esta investigación, he mantenido como unidad monetaria a nuestra desaparecida peseta».

3. DEFINICIÓN DEFORMADA

Sabemos que quien acepta una contradicción, incurre en paradoja.Y que, para un lógico, la palabra paradoja es super sagrada, precisamente porque sirve para delimitar la frontera entre la racionalidad y la irracionalidad. Entonces, **¿cómo es posible que, durante más de un siglo, los financieros hayan vivido inmersos en un mundo plagado de paradojas, sin inmutarse?** Ya lo he citado antes, por una deformación del significado de las palabras. Pero, entonces, cabe preguntarse: **¿quién se ha atrevido a deformar el significado de tan sacrosanta palabra?** Pues, en este caso concreto, dos tipos de personas: los financieros y los académicos de la lengua.Veámoslo.

– **Olvido de los financieros de la esencia del concepto de definición.**

En mi libro *La sabiduría al desnudo. IV Los fundamentos* se dice lo siguiente: «Veamos un caso donde **los definidores se olvidan de que el concepto de definición explícita es una identidad.** Los financieros definen la **rentabilidad** como la capacidad de producir renta, expresada por un cociente (una proporción) entre el importe de la renta producida (número real, positivo, negativo, o cero) y el importe invertido (número real siempre positivo). Como hemos visto en el tomo 3º, el cociente entre dos números reales es **un único número real** (positivo, negativo, o cero). Pues bien, olvidándose de esto, acogiéndose al dicho de **donde dije digo, digo Diego,** los financieros calculan, **no otro concepto distinto** (la presión arterial, la densidad de glóbulos rojos en la sangre, la velocidad de rotación de la Luna, etc.), sino el concepto de **rentabilidad** (de las inversiones pluriperiodales), por medio de un polinomio de grado n (que saben que puede tener como solución, no solo un único número real, sino **también,** varios números reales, y, hasta un número complejo). **¿Cómo es posible que hayan caído en esa paradoja?** Porque los financieros (igual sucede con otras muchas profesiones) se han convertido en lo que Ortega llama *"los bárbaros especialistas":* no hay duda de que los financieros tienen amplios conocimientos de finanzas, matemáticas, economía, estadística, y contabilidad, pero se han olvidado de lo poco que aprendieron (si es que alguna vez lo aprendieron) de semántica, lógica, y epistemología. Por lo que ahora respecta se han olvidado de que una definición explícita (como la de la rentabilidad) es una **identidad,** razón suficiente para **rechazar que dos expresiones** (la ecuación **de definición** de la rentabilidad (cociente), y la ecuación **de cálculo** de la rentabilidad (polinomio de grado n) **puedan referirse a un único concepto** (rentabilidad), por la sencilla razón de que **pueden** dar **dos** resultados **distintos:** un único número real, la primera; y un único número real, varios números reales, o un número complejo, la segunda».

– **Olvido de los financieros del referente de las inversiones.**

En mi libro *La sabiduría al desnudo. IV Los fundamentos* se dice lo siguiente: «**Referente incógnito (conjunto de incógnitas).**

Solo conozco un caso de referente incógnito: el referente del Tanto Interno de Rentabilidad (TIR) de las inversiones pluriperiodales. Es algo tan raro que el propio Mario Bunge me manifestó su extrañeza de que llamara referente a un conjunto de incógnitas. No voy a dar la explicación completa (lógica, epistemológica, económica, matemática, financiera, y contable) de este hecho (que doy en mi referido libro de las Paradojas financieras). Tan solo diré lo necesario para que el lector pueda hacerse una idea.

Imagínese el lector que hace cuarenta años hizo una determinada inversión (da lo mismo que esta sea empresarial, bursátil, o bancaria); y que **cada año** ha obtenido **una determinada (y distinta) rentabilidad** [fruto de haber tenido **invertido un determinado (y distinto) importe, cada año,** y haber **obtenido una determinada (y distinta) renta, cada año**]. Si al cabo de los cuarenta años un amigo le pregunta por cómo le ha ido la inversión, y le contesta con los mencionados **120 datos** [3 datos **(distintos)** por cada año (inversión realizada, renta obtenida, y rentabilidad conseguida) x 40 años]; al resultarle mareante tantos datos, el amigo le dirá si no se lo puede **resumir** en algo **equivalente: en 3 datos** (inversión total de los 40 años, renta total de los 40 años, y rentabilidad **promedio equivalente** de los 40 años) que se refieran **al conjunto** de los cuarenta años. Entonces el lector, cogerá una calculadora financiera, y calculará el TIR, que es una rentabilidad **promedio** equivalente de los 40 años (puntualizándole al amigo que **esa rentabilidad** no la obtuvo **nunca,** en ninguno de los 40 años; que es solo algo **teórico,** una rentabilidad **equivalente** [una **equivalencia matemático-financiera** (eso sí, **calculada en función de** los flujos financieros **externos reales** habidos durante los 40 años].

Y si el amigo le pregunta por **el referente** (suma de los 40 referentes anuales) de **esa rentabilidad equivalente,** no podrá darle los 40 datos reales de lo que tuvo invertido cada año (porque no le saldrían las cuentas), sino que tendrá que acudir a mi citado libro (para hacer algo que nunca hicieron los financieros durante más de un siglo: porque no sabían cómo hacerlo): resolver un determinado sistema de **ecuaciones** y **averiguar** el valor de **las incógnitas:** los correspondientes 40 valores **periódicos teóricos** ($\neq$ de los 40 valores **reales** invertidos cada año) de **la inversión teórica** a la que **se refiere** la **rentabilidad equivalente** (TIR). Y esto **solo** se puede hacer **cuando ha terminado** la inversión (o se simula que se termina): **por eso el referente es incógnito**».

 — **Olvido de los académicos de la esencia del concepto de paradoja.**

En mi libro *La sabiduría al desnudo. III La cultura* se dice lo siguiente: «Una **paradoja** (del griego *para-doxa:* contra-opinión) **lógica** es una **fórmula** en la que, una persona **se contradice,** al **afirmar y negar, simultáneamente,** una **misma proposición, «p» y «no p»:** siempre que **el significado de «p»** sea **claro (no ambiguo)** y que **«p»** sea un **referente exacto (con todas las determinaciones o especificaciones pertinentes).** Por ejemplo, una persona incurre en paradoja si dice que dos más dos **es** igual a cuatro, **y** que dos más dos **no es** igual a cuatro. Con razón dice Gracián de *Agudeza y arte de ingenio* que *"Son las paradojas monstros de la verdad, ..."*.

Puede suceder que una fórmula no sea paradójica (aunque **lo parezca**), debido a que:

• **Haya falta de claridad (ambigüedad) en el significado de «p».**

Primer ejemplo. Si una persona dice que **es pintor y** que **no es pintor**, puede no haber paradoja, debido al hecho de que quien hace la afirmación está pensando que la primera mención de pintor se refiere a ser **pintor artista,** y la segunda a ser un **pintor de brocha gorda.** Segundo ejemplo. Si una persona afirma que **se llama Pedro y** que **no se llama Pedro,** puede no haber paradoja si quien hace la afirmación está pensando que la primera mención a Pedro se refiere a que **entre sus nombres está el de Pedro,** y la segunda a que **su nombre completo es Juan Pedro.** Tercer ejemplo. Si una persona afirma que **se llama Pepe y** que **no se llama Pepe,** puede no haber paradoja si quien hace la afirmación está pensando que la primera mención a Pepe se refiere a que, en efecto, **ese es su nombre, y por tal responde cuando así lo llaman,** y la segunda a que su nombre real es **José,** y que **Pepe es solo un nombre hipocorístico de José** [proviene de las siglas PP (de Padre Putativo), con se referían a José, el padre de Jesús].

- **Haya un referente, «p», que es indeterminado.**

Ejemplo. Si una persona afirma que **hoy es lunes y no es lunes,** puede no haber paradoja debido al hecho de que (aunque **el significado** de lunes está **claro:** primer día de la semana) quien hace la afirmación está pensando que la primera mención de lunes se refiere a que **hoy es lunes en España,** y la segunda a que **hoy (en el mismo momento) no es lunes (por la diferencia horaria) en América, por ejemplo en el Perú.**

Obviamente todas estas **ambigüedades e indeterminaciones** del lenguaje corriente, se aprovechan (afortunadamente) para formular toda clase de **juegos, adivinanzas, bromas y chistes.** Prosigamos.

La mejor manera de definir a un imbécil es esta:

IMBÉCIL ES QUIEN INCURRE EN PARADOJA

En efecto, cuando una persona **incurre en paradoja** se dirá de ella que está **de broma,** está **borracho,** o **drogado,** o que (**literalmente:** no es un insulto ni una broma) **es un imbécil.**

Cuando preparaba (junto con Alfred North Whitehead) el libro de *Principia mathematica* (publicado entre 1.910 y 1.913) mencionaba Bertrand Russell (en relación con la famosa **crisis de fundamentos de la matemática** de principios del siglo XX) cuales eran los objetivos perseguidos con su investigación: *"el primero, absolutamente imperativo, que las contradicciones habrían de desaparecer; el segundo, altamente deseable, aunque no lógicamente obligatoria, que la solución* [del problema de fundamentos] *habría de dejar intactas las matemáticas en la mayor parte posible".* **¿El repudio imperativo de las contradicciones, era un capricho, o una obsesión infundada, de Russell?** No; como lógico-matemático que era, sabía que **aceptar contradicciones** conduce a realizar **afirmaciones paradójicas,** es decir, a realizar **afirmaciones propias de un imbécil** (por eso las repudiaba). Las **contradicciones** son **el ingrediente** con el que **se elaboran las sopas de paradojas: el producto estrella de los imbéciles.**

El **mejor ejemplo** para comprender la importancia de las contradicciones es el siguiente caso: uno de los más emocionantes que haya habido en toda la historia de la Humanidad. Gottlob Frege, el fundador de la lógica moderna, la lógica-matemática (Aristóteles fue el fundador de la lógica clásica, y George

Boole, el iniciador de la lógica moderna), publicó en 1.893 en primer tomo de su magna obra, *Leyes básicas;* libro que, más tarde, leyó Bertrand Russell. Diez años después, cuando Frege estaba a punto de publicar el segundo tomo de esta obra, recibió una carta de Russell, en la que le comunicaba que había encontrado **una contradicción** en su obra. Comprendiendo Frege que Russell tenía razón, reaccionó con la más increíble **honradez intelectual** que quepa imaginar: aunque el libro estaba ya en la imprenta, aún tuvo tiempo para añadir **un apéndice** en el que **reconocía** la contradicción descubierta por Russell. De esta manera, **al repudiar** la afirmación contradictoria, **evitaba** afirmar (implícitamente) de forma simultánea «p» y «no p», es decir, **evitaba** incurrir en paradoja (y se le **derrumbara conceptualmente** todo su **edificio lógico-matemático**), o lo que es lo mismo, **evitaba** comportarse como un imbécil; y **como no lo era,** la única manera de **evitar la paradoja** era **repudiar la afirmación que la provocaba,** la afirmación contradictoria. Escribió Frege después: *"Nada más triste puede suceder a un escritor científico que ver como, después de haber terminado su trabajo, uno de los fundamentos de su construcción se tambalea".* Al final de su larga vida, escribió Bertrand Russell: *"Cuando pienso en actos de gracia e integridad, me doy cuenta de que no conozco ninguno comparable con la dedicación de Frege a la verdad. Estaba Frege dando cima a la obra de toda su vida, la mayor parte de su trabajo había sido ignorado en beneficio de hombres infinitamente menos competentes que él, su segundo volumen estaba a punto de ser publicado y, al darse cuenta de que su supuesto fundamental era erróneo, reaccionó con placer intelectual, reprimiendo todo sentimiento de decepción personal. Era algo casi sobrehumano y un índice de aquello de lo que los hombres son capaces cuando están dedicados al trabajo creador y al conocimiento, y no al crudo afán de dominar y hacerse famoso".*

Esta reacción de Frege es como si a un arquitecto, el día de la inauguración de su magno **edificio**, alguien le dice que ha descubierto una **grieta** en el mismo (con el consiguiente peligro de **derrumbe físico**), y, en vez de ocultarla, lo dice a los presentes. ..... ».

En mi libro *La sabiduría al desnudo. IV Los fundamentos* se dice lo siguiente:

«- Intolerancia con la enfermedad lógica de la paradoja.

Este es el momento de ampliar lo dicho con lo que de paradoja dice el diccionario de la RAE: *"paradojo, ja*

La forma f., del lat. paradoxa, -ōrum, *y este del gr.* [τà] παράδοξα [tà] *parádoxa; propiamente 'lo contrario a la opinión común'.*

1. adj. desus. paradójico.

2. f. Hecho o expresión aparentemente contrarios a la lógica.

3. f. Ret. Empleo de expresiones o frases que encierran una aparente contradicción entre sí, como en mira al avaro, en sus riquezas, pobre".

De estas definiciones hay que decir lo siguiente:

• La etimología de la paradoja es **contra(para)-opinión(doxa):** no como dice la RAE (*lo contrario a la opinión común*). Lo de **común** no tiene nada, **absolutamente nada,** que ver con el concepto de paradoja. La opinión común hoy en día es que el Planeta Tierra es una esfera (aproximada); pero los que siguen afirmando que **la Tierra es plana** no cometen ninguna contradicción, simplemente son unos **estúpidos fanáticos ignorantes,** cuya opinión es absurda, infundada, **discrepante, pero no contradictoria.** Incurrirían en contradicción si, por la mañana, dijeran que la Tierra es plana, y, por la tarde, dijeran que la Tierra es esférica.

• La primera definición de la RAE es: *"2. f. Hecho o expresión aparentemente contrarios a la lógica".* Aquí hay, no dos errores, sino **dos disparates monumentales** (que prueba que los de la RAE también son unos bárbaros especialistas: en idiomas). La primera, es que **los hechos** no tienen nada, **absolutamente nada,** que ver con el concepto de paradoja (son a-paradójicos): **un terremoto** no es contradictorio con nada. La segunda, es que se incurre en paradoja cuando se acepta una **contradicción,** pero **real (relacionada con la lógica), no aparente (que nada tiene que ver con la lógica).** Lo dicho de los hechos es extensible a **las cosas,** que podrán ser curiosas, raras, **chocantes, pero no contradictorias.**

Seguidamente la RAE dice: *"3. f. Ret. Empleo de expresiones o frases que encierran una aparente contradicción entre sí, como en* **mira al avaro, en sus riquezas, pobre".** **Más disparates:** la contradicción **no tiene nada que ver con la retórica.** En efecto, **el sentido monetario** de las **riquezas** del avaro nada tiene que ver con **el sentido moral** de **la pobreza** del avaro (y si los sentidos son **distintos,** no puede haber **contradicción lógica,** que siempre se refiere al **mismo** sentido).

A veces se oye decir expresiones como **"para mí es paradójico que…".** Pues no; ni para mí ni para el lector, ni para nadie, algo es una paradoja. Una paradoja es algo **objetivo,** es decir, algo válido para todo el mundo. En la **estética,** por ejemplo, sí tiene cabida lo **subjetivo** (lo que para una persona es **bello,** no tiene por qué serlo para otra), pero en la **lógica** solo tiene cabida lo **objetivo (lo subjetivo haría imposible la lógica).**

Tras lo dicho, debe quedar claro que con el concepto de paradoja hay que tener **tolerancia cero.** Una paradoja es lo que es y nada más; transigir con este concepto trae gravísimas consecuencias a la ciencia y a la vida».

A estas palabras hay que añadir algo extremadamente preocupante, que sucede cuando **la contradicción se instala en el Poder,** que **con pétrea desvergüenza,** una y otra vez, con luz y taquígrafos, **la acepta, incurriendo en paradoja, sin** ruborizarse; **y, lo que es peor, sin que** la repudien los votantes (que, de esa manera, **también incurren en paradoja).**

Capítulo IX

Letra pisoteada

ÍNDICE:

1. Introducción
2. Lengua española
3. Lenguas europeas
4. Lenguas no europeas

1. INTRODUCCIÓN

Como es sabido, el astrónomo gringo Edwin Hubble tenía dificultades tanto con la ortografía del inglés (y no es de extrañar, dada su arbitrariedad: se pasan la vida diciendo deletréeme) como con su pronunciación (y tampoco es de extrañar: su nombre y apellidos se leen Eduin Jabel: nada menos; y, a la hora de elegir carrera, como no tenía inclinación por ninguna en concreto, escribió las distintas opciones por orden alfabético; la primera era arqueología, pero al no saber cómo se pronunciaba (¡en su lengua madre!) la palabra archaeology, se decidió por la segunda, astronomía.

Una de las grandes ventajas de nuestro idioma español es que

SE ESCRIBE IGUAL QUE SE HABLA

Otra es que las vocales, separadas o juntas con otras, se leen siempre de la misma manera. No obstante, tanto las vocales como las consonantes plantean algún problema a los hispanohablantes: en la lengua española y en las lenguas extranjeras.

2. LENGUA ESPAÑOLA

Vamos a distinguir dos casos: problemas con las vocales, y problemas con las consonantes.

– **Problemas con las vocales.**

El problema vocálico más antiguo es el del **laísmo, leísmo, y loísmo.** Este problema, que parece imposible de solucionar, tiene (como otros) un modo de solucionarse: que veremos luego. Hace años, oyendo a un niño quejarse del rollo de los complementos directos e indirectos, se me ocurrió un modo fácil de explicárselo: que he aplicado con éxito en repetidas ocasiones, y puede servir para acabar con esa lacra lingüística.

• **Complemento directo.**

Si miramos el diccionario de la RAE, dice que un complemento directo es: «*1. m. Gram. Función sintáctica vinculada al caso acusativo y desempeñada por un sintagma nominal o pronominal, un sintagma preposicional con la preposición a o una oración que están seleccionados por el verbo transitivo al que modifican*». Sin duda es una definición perfecta, pero para un niño es imposible de entender.

Si miramos libros de texto nos dicen que el complemento directo es *«la persona, animal o cosa **sobre la que recae directamente** la acción verbal»*. Pero resulta que esta explicación resulta confusa, pues si ponemos una inyección a una persona, la inyección también recae directamente sobre una persona, y sin embargo esta es complemento indirecto: ponemos una inyección (complemento directo) a (complemento indirecto) una persona, o le (complemento indirecto) ponemos una inyección (complemento directo).

La explicación que se me ocurrió es doble, preposicional y gráfica.

○ **Explicación preposicional.**

La acción y el **complemento directo (qué: la, lo)** de la acción **están unidos** por la preposición **con** *«1. prep. Denota el medio, modo o instrumento que sirve para hacer algo»*. La acción, forzosamente **la hace** el sujeto **con** el complemento (persona, animal o cosa): es imposible **comer** carne **sin** carne, **besar** a una persona **sin** esa persona, **abrazar** a una persona **sin** esa persona (hacer el gesto de comer, besar, o abrazar, no es lo mismo que comer, besar, o abrazar).

○ **Explicación gráfica.**

Se dibuja **un círculo,** en cuyo **interior** se ven al agente realizando la acción (comer, besar, abrazar) **con** el complemento directo (la carne, la persona besada o abrazada): porque irremediablemente tienen que estar **juntos (inseparables).**

• **Complemento indirecto.**

Si miramos el diccionario de la RAE, dice que un complemento directo es: *«1. m. Gram. Función sintáctica vinculada al caso dativo y desempeñada por un sintagma preposicional con la preposición a o por un pronombre átono de dativo, que designan el receptor, el destinatario, el experimentador, el beneficiario y otros participantes en la situación denotada por el verbo al que complementan»*. Sin duda es una definición perfecta, pero para un niño es inaplicable.

Si miramos libros de texto nos dicen que el complemento indirecto es *«el destinatario de la acción verbal, resultando beneficiado o perjudicado por ella»*. Esta explicación es correcta, pero, a veces, se añade que el complemento indirecto *«recibe la acción de forma indirecta o secundaria»;* y esto puede resultar confuso; porque si se dice: *«compró flores a su abuela»,* la abuela recibe las flores de forma muy directa y nada secundariamente (aunque, sin duda, la acción primera es la de comprar las flores); y si se dice *«pidió una cerveza al camarero»,* el camarero recibe la petición de forma muy directa y nada secundariamente.

Veamos mis explicaciones.

∘ **Explicación preposicional.**

La acción y el **complemento indirecto (a quién, a qué, para quién: le)** de la acción **no están unidos** por la preposición **con:** la acción se realiza **sin** el complemento indirecto, aunque **termina en** él: se pueden comprar las flores a kilómetros de distancia de donde habita la abuela (la destinataria del regalo); se puede pedir la cerveza a muchos metros de distancia del camarero (el destinatario de la petición).

∘ **Explicación gráfica.**

Se dibujan **dos círculos juntos:** en uno está el agente realizando la acción (comprando flores, pidiendo una cerveza, etc.), y en el otro el complemento indirecto (el destinatario de la acción: la abuela, el camarero, etc.).

• **Casos especiales.**

Hay casos más difíciles de explicar a un niño, por lo que habrá que dejar para más adelante. Veamos cinco casos: especificación de la parte del complemento directo, reducción del complemento directo, acciones distintas, expresiones equivalentes, y acciones parecidas pero opuestas funcionalmente.

∘ **Especificación de la parte del complemento directo.**

La besó **en** la frente (a la nietecita), en la boca (a la pareja), o en la mejilla (a la abuelita).

∘ **Reducción del complemento directo.**

Cuando en el mundo antiguo, un súbdito persa se abrazaba a las rodillas del rey, quería significar que le pedía clemencia. Esa acción se dice correctamente, «el súbdito **le** (al rey: complemento indirecto) abrazó **las** rodillas (lo abrazado: convertidas en complemento directo)»; la razón es que **solo** abraza las rodillas (que pasa a ser complemento directo) del rey, al rey (complemento indirecto): no abraza al rey (esa confianza le habría costado la vida), sino solo **una parte** de su cuerpo (las rodillas).

De igual forma podemos decir «el súbdito besó **los** pies **al** rey», «el súbdito **le** besó **los** pies» (en señal de sumisión). Otro ejemplo es el que viene en el Diccionario panhispánico de dudas: «*Si la parte besada funciona como complemento directo, el complemento de persona pasa a ser indirecto:* "Se acercó a la pianista [...] y **le** besó **la** cabeza" (*Chase Pabo [C. Rica 1996])*».

Por último, los besos se pueden dar o tirar, como cuando decimos «**Le** tiró un beso»: lo que tira (metafóricamente) es un beso (complemento directo).

○ **Acciones distintas.**

Veamos dos ejemplos del verbo llamar (que puede significar llamar la atención de alguien, llamar por teléfono a alguien, o nominar a alguien): gritar y marcar un número de teléfono.

○ **Gritar ≠ llamar.**

Si me coloco en cualquier lugar del planeta y me pongo a gritar el nombre de una persona, y me preguntan que qué hago, le diría que **gritar el nombre de una persona.** Pero si, tras hablar con mi amigo Samuel, me acuerdo de que se me ha olvidado decirle algo, y viendo que **está al alcance de mi voz,** para **llamar su atención,** a voz en grito, digo su nombre, **«SAMUEL»;** y en ese momento alguien me pregunta que **qué** hago, le diría que **llamo la atención (complemento directo) de** Samuel, y, **por metonimia,** que **llamo a** Samuel, que **lo** (complemento directo) **llamo.** Esa misma persona me podría decir que no, que Samuel no es un complemento directo; y que lo que estoy haciendo es simplemente **gritar** su nombre, y eso es algo que se hace **sin** el complemento directo (Samuel ni siquiera me ve gritando su nombre); y que yo le he preguntado **qué hace, no a quien se lo hace.** Pero a esto hay que decir que yo no estoy, **simplemente,** gritando, sino haciendo algo **distinto;** estoy llamando a Samuel porque estoy llamando su atención; y ello porque se dan **dos condiciones:** que pronuncio su nombre y que Samuel está al alcance de mi voz: entonces, y solo entonces, mi acción **tiene sentido:** estoy **llamando la atención (acción transitiva) de Samuel,** y, por metonimia, estoy **llamando a Samuel;** y, puesto que esto solo lo puedo hacer **con** Samuel presente a distancia de audición (sin esta segunda condición mi acción sería **un sentido,** un mero gritar por gritar), resulta que, por metonimia, Samuel se ha convertido en complemento directo. Y si digo a quién llamo, en vez de qué llamo, es porque Samuel es una persona (igual sucedería con un animal: a las piedras no se las puede llamar).

En resumidas cuentas, que igual que solo se puede comer carne contando **con** carne, solo se puede llamar la atención de Samuel, y, por tanto, a Samuel, contando **con** ese tipo de presencia de Samuel; o dicho en forma negativa; igual que no se puede comer carne **sin** carne, no se puede llamar la atención de Samuel, y, por tanto, a Samuel, **sin** ese tipo de presencia de Samuel: gritar no es llamar. Desde el punto de vista gráfico: mi amigo Samuel y yo apareceríamos dentro del mismo círculo; mientras que si me voy al desierto a gritar su nombre, aparecería yo solo en el círculo (como un pasmarote), sin la presencia de Samuel (que no pintaría nada en esa historia, y por tanto en el círculo).

Lo mismo podemos decir de un niño que está jugando en un parque infantil, y en un momento determinado se queda atrapado en algunos de sus aparatos, y pide ayuda, diciendo, a voz en grito, **«PAPÁ».** El niño no está, simplemente, gritando esa palabra, sino que está llamando la atención de su padre, y, por metonimia, a su padre. Para que esté llamando a su padre tienen que cumplirse **dos condiciones:** que diga papá, y que su padre esté al alcance de su voz; entonces y solo entonces su acción **tendría sentido:** estaría **llamando la atención de su padre,** y, por metonimia, estaría **llamando a su padre;** y, puesto que esto solo lo puedo hacer **con** su padre presente a distancia de audición (sin esta segunda condición su acción sería **un sentido,** un mero gritar por gritar), resulta que, por metonimia, su padre se ha convertido en complemento directo. Desde el punto de vista gráfico: el hijo y el padre aparecerían dentro del mismo círculo.

○ **Marcar un número de teléfono ≠ llamar.**

Una forma distinta de llamar es cuando Samuel está muy lejos (incluso en otro continente), y, al no servir de nada gritar su nombre, tengo que utilizar un teléfono (lo mismo valdría para un tantán). En este caso, diría **lo** llamo por teléfono. Se podrá decir que **marcar un número de teléfono** es algo que se hace **sin** el complemento directo (Samuel ni siquiera sabe que lo estoy llamando). Pero a esto hay que decir que yo no estoy, **simplemente,** marcando un número de teléfono, sino haciendo algo **distinto;** estoy llamando a Samuel porque estoy llamando su atención (al sonar el timbre de su teléfono); y ello porque se dan **dos condiciones:** que marque su número de teléfono, y que Samuel esté en su domicilio para coger teléfono: entonces, y solo entonces, estaría **llamando la atención (acción transitiva) de Samuel,** y, por metonimia, estoy **llamando a Samuel;** y, puesto que esto solo lo puedo hacer **con** Samuel presente al lado del teléfono (sin esta segunda condición mi acción sería **un sentido,** un mero marcar por marcar), resulta que, por metonimia, Samuel se ha convertido en complemento directo.

En el *Diccionario panhispánico de dudas,* en la entrada *llamar(se)* se dice lo siguiente: *«b) Cuando significa 'establecer comunicación telefónica [con alguien]', está generalizado en todo el ámbito hispano el uso transitivo:* "no hace mucho LO llamó por teléfono un tipo de voz imperiosa" *(García Días [Ur. 1978]).* "LO llamó por teléfono para decirle que tenía su entera confianza" *(Herrero Ocaso [Esp. 1995]). No faltan, sin embargo, ejemplos de uso intransitivo, procedentes incluso de zonas no leístas:* "Marcel LE llamó por teléfono para decirle que Ana estaba muy mal" *(Aguilera Caricia [Méx. 1.983]). Pero lo normal y más recomendable es interpretar como directo el complemento que expresa el destinatario de la llamada y usar, por tanto las formas* lo(s) *y* la(s) *cuando se trate de pronombre átono de tercera persona».*

Entiendo que es correcto lo que dice el diccionario, pero no su explicación. La democracia no es criterio de verdad (un teorema matemático no es verdadero porque lo diga la mayoría de la gente) o de corrección (una regla gramatical no es correcta, ni recomendable, porque lo diga la mayoría de la gente).

○ **Expresiones equivalentes.**

Besar y dar un beso son expresiones equivalentes, pero gramaticalmente distintas. Si un niño besó a su abuela, dirá *«La* [la abuela: complemento directo] *besé»;* pero también podrá de decir *«Le* [a la abuela: complemento indirecto] *di un beso* [complemento directo]».

De forma similar, llamar y hacer una llamada son expresiones equivalentes, pero gramaticalmente distintas. Si un niño llama (con la voz o por teléfono) a su abuela, dirá *«La* [la abuela: complemento directo] *llamé»;* pero también podrá de decir *«Le* [a la abuela: complemento indirecto] *hice una llamada* [complemento directo]».Decir *«La hice una llamada»* sería un descomunal disparate porque el niño no hizo a su abuela: la hicieron sus bisabuelos mucho antes de que él naciera; lo que el niño hizo es una llamada.

○ **Acciones parecidas pero opuestas funcionalmente.**

Se puede pinchar a una persona (con una espada, una lanza, una inyección), etc., siendo otra persona quien acerca el objeto punzante a la persona. Pero también se puede hacer al revés, como en un matadero, en el que se pincha a un animal muerto: solo que en este caso, lo que se acerca es el animal al gancho que está fijo en la pared (dejándolo colgado).

– **Problemas con las consonantes.**

Aquí hay que distinguir dos casos: consonantes mal pronunciadas o eliminadas, y consonantes sustituidas.

• **Consonantes mal pronunciadas o eliminadas.**

Una de las ridiculeces lingüísticas consiste en escribir una consonante, y pronunciarla de otra manera, o no pronunciarla. Un viejo ejemplo, que se resiste a desaparecer es el del palabro ballet (leído balé); término que se emplea para referirse a la danza clásica. Como hay muchas clases de bailes, se ha reservado la palabra danza para la danza clásica. A este respecto, aunque, en cuanto a los nombres de las compañías, se suele aplicar la palabra danza: Compañía Nacional de Danza de …. Me pregunto: ¿por qué no usan la palabra **Danzaria**? Es una bella palabra que solo he leído una vez, como proyecto musical de la Diputación de Badajoz. Pero, en cuanto al espectáculo, o a la enseñanza, se suele emplear más el palabro ballet. Solo conozco el caso de un valiente con personalidad, Guillermo Cabrera Infante, que en *Habana,* se atrevió a escribir el término en grafía española: *«Di clases de balé».*

- **Consonantes sustituidas.**

España tiene varios ríos cuyo nombre empieza por **guad** (derivado del árabe uadi, río): Guadalete (de triste recuerdo para nuestra historia), Guadalquivir, (de Guad al kabir: río el grande), Guadiana [el río tres veces río, por Río, Guad (río), y Ana (río), que pudo haber sido el cuatro veces río: como cuento en mi novela *A cero metros. Una tragedia por cariño preparada*)], y Guadalupe (para unos deriva de guad y lupus, lobo en latín; para otros, de guad y lub, montaña en árabe; aunque la más razonable es la que lo hace derivar de guad, al, el, y luben, escondido en árabe; lo cual encaja perfectamente con la realidad, y es que el río a su paso por Guadalupe se estrecha, se encajona, y parece como si se escondiese).

Pues bien, si uno lee algún libro moderno de historia, se encontrará con que se dice que el inicio de todos esos nombres viene del árabe **wad.** ¿Por qué? Porque en inglés el sonido guad lo escriben wad, y punto: hay que ser obediente.

Si uno va a Badajoz, podría encontrarse con una estatua dedicada a su fundador, el gobernador de la Mérida musulmana, el renegado muladí Abderramán Ibn Marguan ibn Mujámmad ibn Marguan ibn Yunus al Yilliqui; más conocido como Ibn Marguan al Yiliqui, Marguan "el gallego" (que es como los musulmanes llamaban a los cristianos del norte occidental de España: de donde él era originario). He dicho que podría encontrarse, pero realmente se encontrará con una estatua dedicada a Marwan al Yiliquí. ¿Por qué? Porque en inglés al sonido gua lo escriben wa, y punto: hay que ser obediente. Es igualmente penoso ver a un catedrático mejicano que, al explicar la lengua maya, traslada su sonido, no al español, sino al inglés.

3. LENGUAS EUROPEAS

Vámonos al fútbol. En el siglo pasado hubo un futbolista rumano, llamado Gheorghe **Hagi,** conocido como el Maradona de los Cárpatos. Su apellido en rumano se lee, **Ayi;** en español, **Agi.** Pues bien, ¿cómo creerá el lector que pronunciaban los periodistas **españoles** este apellido **rumano**? Pues siguiendo su infalible criterio, como lo pronunciarían los **gringos: Jagui.** ¡Tócate los pies Manuel!

ESTO ES ORIGINALIDAD Y PERSONALIDAD; Y LO DEMÁS ES CUENTO.

El año 2.019. el Real Madrid presentó a su nueva estrella de fútbol, el belga Eden Hazard. Al día siguiente, un informador de una cadena española se fue al pueblo belga en donde nació el jugador, y manifestó su **extrañeza,** al ver que la gente pronunciaba (correctamente) el apellido: **ASard.** ¿Por qué se extrañaba el periodista español? Porque desde que se hablaba del fichaje del jugador, **todo el mundo** (aquí está la gracia) pronunciaba (incorrectamente) **Jasard.**

Aquel día, antes de irme a la cama se me ocurrió dar una pasadita rápida por la tele, a ver si decían algo interesante, me detuve en un programa deportivo, y vi a dos presentadores, una joven y un joven, charlando acerca de dicho jugador; los dos pronunciaron el apellido como era frecuente: **Jasard.** Me asombraron dos hechos. Primero, que la chica dijo que ella solo sabía decir una frase (que pronunció) **en el idioma belga.** Al oír este disparate casi me da un soponcio: **¿desde cuándo existe el idioma belga?** aquella infeliz criatura era tan ignorante (pese a su carrera universitaria) que no sabía que en Bélgica hay tres idiomas oficiales: el francés (que lo hablan los valones del sur), el neerlandés (que lo hablan los flamencos del norte: y en el que ella dijo su frase), y el alemán que lo habla una minoría significativa. Hay más grupos lingüísticos, pero sus lenguas no son oficiales. **Lo que ningún belga conoce es el inexistente idioma belga.**

Dejemos ahora **la incultura general** de la gente (una lacra mundial), y vayamos con la pronunciación del apellido del jugador: **¿a qué se debe esta estupidez?** Si en francés (la lengua madre de Hazard) este apellido se pronuncia **ASard,** y en español (la lengua madre de los referidos periodistas) se pronuncia **AZard,** ¿por qué lo pronuncian **JaSard?** Ya lo sabemos.

Veamos otro fruto de los tentáculos lingüísticos gringos. De toda la vida (durante siglos y siglos), Servia se ha escrito con V; pero llegó la guerra de los Balcanes, Yugoslavia de desintegró, y se empezó a hablar de sus integrantes, entre ellos Servia: pero claro, como los gringos escriben Serbia, con B de burro; entonces la peña, rápidamente cambió de opinión, mandando a la porra a la V, una letra preciosa, de grafía y de sonido. **¿Qué hemos ganado? Más ganado.**

Recientemente, en un anuncio en Televisión de un espectáculo para chavales, aparecía escrito, no super héroes, sino Super héroes y leído super jirous (faltaría más)

4. LENGUAS NO EUROPEAS

Vamos ahora con una mezcla variopinta de lenguas. Si el lector va a Japón, y trata de averiguar qué opinan los japoneses del emperador **Hiro Hito,** le dirán que allí nunca ha habido un emperador con ese nombre; y es que, en efecto, allí hubo un emperador llamado **Jiró Jito.** Si pregunta a alguno de los innovadores lingüísticos españoles (como les gusta más el impersonal que a un tonto un lápiz) le dirá que **se escribe** así, Hiro Hito, aunque se pronuncie Jiró Jito. Tampoco pregunte por dos grandes artistas plásticos Katsushika Hokusai y Utagawa Hirosige, porque le dirán que allí nuca ha habido artistas con esos nombres, que los más parecidos son Katsusika Jokusai, y Utagagua Jirósiye.

Y si le pregunta a qué se debe esa extraña pronunciación (ya que la hache española es muda), y desde cuando el idioma japonés se escribe con caracteres latinos, se ponen colorado, y se callan, sin saber salir de aquel atolladero. La explicación es que

> ## DESDE HACE MUCHO TIEMPO,
> ## TRADUCCIR AL ESPAÑOL DE LENGUAS NO EUROPEAS
> ## ESTÁ TÁCITAMENTE PROHIBIDO:
> ## HAY QUE COPIAR LAS TRADUCCIONES DEL INGLÉS.
> ## Y PUNTO.

Si después de paladear las mil maravillas de la cultura nipona, el lector se decide a ir a un lugar en donde le reciten las peculiares poesías japonesas conocidas como **haiku,** le dirán que en Japón no hay tan poesía; que hay una tiene cierto parecido, que se llama **jaiku.** La explicación de esta anomalía es la misma que la de antes. Y si, antes de despedirse, pregunta si todavía sigue habiendo **geishas** en Japón, le responderán que jamás hubo nada así, que supone que se referirá a las **gueisas.**

En Corea se inventó un deporte llamado **Taekuondo (Camino de la patada y el puñetazo).** Si el lector lo ve y le gusta tanto que decide practicar ese deporte, y pregunta por la dirección de la Federación Española del Taekuondo, se quedará desconcertado al comprobar que no hay tal Federación; que hay una que se le parece, la de **Taekwondo.** Y si pregunta a los innovadores lingüistas españoles, se repite la jugada de antes.

Sigamos en el extremo oriente. Si el lector va a China a visitar la industriosa ciudad de **Shanghái,** se puede desesperar, al comprobar que allí, nadie conoce tal ciudad. Y es que en China hay una ciudad llamada **Sanjai.** Si preguntamos a los innovadores lingüistas españoles, se repite la jugada de antes.

Si de China se pasa el lector a Rusia, se va a llevar algunas sorpresas. En efecto; si pregunta por donde se va a su capital, **Moscú;** le dirán que en Rusia no hay ninguna ciudad con ese nombre; y que la capital de Rusia se llama **Moscova.** Y si, entonces, pregunta de dónde ha salido ese nombre, le dirán que del francés Moscou, leído Moscú. Pero en relación con esta capital, el lector puede descubrir algo mucho peor de los hispanohablantes, que le hará llorar. En efecto, en la capital de Rusia le dirán que la ciudad tomó el nombre que el río que pasa por ella. Pero si el lector mira un libro **español** de geografía e historia de Rusia, le dirá que el río que pasa por la capital se llama Moscova: por eso los habitantes de Moscova se llaman moscovitas (no moscutas ni mosquitas). Y, el lector, que de tonto no tiene ni un pelo, razona y dice, los hispanohablantes dicen que la capital de Rusia y el río que pasa por ella, se llaman **igual;** pero luego dicen que el río se llama Moscova y la ciudad Moscú, que son dos nombres **distintos:** lo cual es una **contradicción.** Y aplicando la lógica, llega a la conclusión de que quien acepta una **contradicción,** incurre en **paradoja,** y se define como un **imbécil.**

Si secadas las lágrimas, el lector pregunta dónde está la casa del gran escritor decimonónico, **Turguéniev,** que quiere visitar para rendirle un homenaje; le dirán que en Rusia no hubo ningún escritor con ese nombre, aunque hay uno que se le parece: Iván Serguéievich **Turguéñiev.** Y si pregunta por qué la mayoría de la gente (entre los que no estaba Salvador de Madariaga: de quien yo lo aprendí) lo escribe incorrectamente, se enterará de que se debe a que solo tres lenguas, española, gallega y vasca, tienen la letra ñ, aunque en otras es un sonido compuesto de dos letras; y lo que sigue ya lo sabe.

Y, si para finalizar, trata de averiguar qué opinan los rusos del sucesor de Estalin, en la dirección de los destinos de la antigua Unión Soviética, Kruschov; le dirán que el sucesor de Estalin, no fue ningún Kruschov, sino el ucraniano Nikita Jruschov.

Si de Rusia pasa a Persia, y trata de averiguar qué opinan los japoneses del que fue su máximo dirigente Khomeini, le dirán que no ha habido ningún dirigente suyo con ese nombre. Y que tienen uno que se le parece, Jomeini. Para no repetir la explicación, le diré al lector una curiosidad. Como la muchachada tiene bastante asumido (sin que nadie levante la voz) que los nombres propios de lenguas no europeas no se pueden traducir al español, y que (como buenos borregos) tenemos que usar los términos en inglés; recuerdo que cuando este personaje apareció en escena, una presentadora del telediario al ver escrito la palabra Jomeini, captó a la primera que no es española, por lo que la leyó como se podía esperar, Yomeni: sin percatarse de que en Persia no ha habido jamás un dirigente con ese nombre.

De Persia, el lector viaja a Turquía; si allí se le ocurre preguntar por qué el mongol Gengis Kan que conquistó las tierras desde Mongolia hasta Turquía, no llegó hasta la costa turca del Mediterráneo; le dirán que ningún Gengis Kan conquistó jamás Turquía, que eso lo hizo Yenyis Jan. Y ya puestos, si pregunta por el lugar donde la realeza saudí mandó descuartizar al disidente Jamal Khashoggi; le dirán que no saben nada de esa historia, y que suponen que se referirá al descuartizamiento del disidente Yamal Jasogui.

Pasemos a Mesopotamia, la cuna de la Humanidad. Allí nació la literatura más antigua del mundo, la sumeria. Los sumerios idearon el primer sistema de escritura, que comenzó con logogramas cuneiformes y terminó en escritura silábica. Los acadios y los babilonios recogieron y extendieron la literatura sumeria por todo Oriente Próximo, llegando su influencia hasta la Biblia judía. Pues bien, los libros de historia nos dicen que, basada en cinco poemas sumerios, los acadios, escribieron, entre el 2.500 y el 2.000 antes de nuestra era, el famoso Poema de Gilgamesh. Pues olvídese de ello, no hubo ningún Gilgamesh, ese rey se llamaba Guilgamés.

Seguidamente el lector se pasa a Arabia saudí, y si se le ocurre preguntar por qué las mujeres llevan el niqad, y el hiyab, por qué los fieles en las mezquitas miran al mihrab; y, si es valiente, y pregunta por qué siguen empecinados en adoctrinar a la gente para la guerra santa que ellos llaman yihad; le dirán que anda usted muy despistado, porque lo que llevan algunas mujeres es el nicab, y el jiyab; que los fieles no miran al mihrab, sino al mijrab, y lo hacen porque esa es la dirección de la Meca; y que a la guerra santa ellos la llaman Yijad.

Y ya que estamos en la tierra donde nació el profeta musulmán, vayamos con su nombre, y con lo que llamo "j escupitajo". pongámonos en situación; los fenicios, un pueblo semita que inventó el primer alfabeto consonántico del mundo; y lo hicieron por "acrofonía", acro significa extremo; verán, los egipcios para cada objeto tenía un signo; y, como se pueden imaginar, aquello era pesadísimo, porque hay muchos objetos y por tanto muchos signos; en cambio los fenicios, más listos que el hambre, hicieron un signo para cada una de las primeras letras de los nombres, la letra que está en el primer extremo; por ejemplo, los egipcios tenían un signo para mesa, otro para silla, etc.; signos que solían tener cierto parecido con los objetos referenciados; en cambio los fenicios crearon un signo para la primera letra consonante de las palabras; por ejemplo, un signo para la "m" de mesa, otro para la "s" de silla; otro para la "p" de preguntón; etc.; de esta manera hicieron un alfabeto; uno de los inventos más geniales de la historia. Como el lector sabrá, Zeus raptó a la princesa fenicia, Europa, y su hermano Cadmo se fue a buscarla a Grecia, una parte del continente que terminó por nominar su hermana; a resultas de ello, los griegos crearon el primer alfabeto completo del mundo, añadiendo las vocales. Una curiosidad de la lengua fenicia es que, a diferencia de las demás lenguas, que una vez que fijan sus letras, las escriben siempre igual; los fenicios, digamos que con el tiempo, fueron cambiando ligeramente la grafía de sus letras; lo que dificulta la cuestión, aunque también sirve para saber de qué época es un texto encontrado: pocos porque los textos de pergaminos se han perdido todos, y los pocos que hay son textos epigráficos. Pues bien, aunque en las lenguas europeas nos apañamos con una serie de consonantes; otros pueblos, otras culturas, prescindimos ahora de la cuestión de las vocales, han creado otras consonantes que nosotros no tenemos; y aquí entra en acción el pueblo árabe; ellos tienen una serie de consonantes que según que la escriban con o sin punto, se pronuncia de una u otra manera; una de ellas es un sonido que podríamos llamar la "j gutural profunda", que yo, jocosamente, llamo la "j escupitajo", porque tiene una pronunciación guturalmente profunda, vamos la repera de j, una j de padre y muy señor mío; diré que los hablantes de árabe las consonantes la acompañan con las vocales que mejor les parece; y aunque, si quieren, también escriben las vocales, suelen escribir de una forma parecida a la taquigrafía; una técnica de escribir tan deprisa como se habla, por medio de ciertos signos y abreviaturas; hace mucho que esto eso ya no se lleva, pero en mi juventud conocí un estudiante universitario que tomaban apuntes taquigráficos en clase, y, cuando llegaba a casa, los traducía; era conveniente hacerlo en caliente, para facilitar el trabajo, porque, por ejemplo, los fonemas ente, ante, inte, y otros parecidos se escriben igual; y a veces le resultaba difícil saber a cuál de esos fonemas correspondía el signo; por eso, en algún caso, para evitar líos, escribían la palabra con todas o algunas de sus letras; continúo con la lengua árabe; como este parecer vocálico es distinto en cada lugar, resulta que un mismo nombre se puede oír de distinta forma según el territorio en que se diga; un ejemplo concreto; el nombre del profeta de la religión musulmana, se pronuncia en Arabia, con j gutural profunda, "Mujammad"; pero en su periplo por el Mediterráneo con las huestes árabes de la Alta Edad Media, esta palabra fue mutando sus vocales, por procedimientos que no puedo contar, entre otras razones porque no soy lingüista para hacerlo como dios manda; el caso es que el inicial "Mu" de Mujammad, todavía se pronuncia así en Libia; pero, en un momento determinado, a partir de ahí, salieron dos variantes; una vigente en el Magreb, que es "Mo", de ahí Mojamed; y otra, que fue las que nos llegó a España y a Italia, "Ma", de ahí Majoma; esta j gutural profunda les planteó un problema a los traductores europeos, ¿cómo traducir esa consonante? tenían dos opciones, no poner ninguna en su lugar, o poner la consonante más próxima; le pondré un ejemplo antiguo; los latinos no tenía la j griega, así que cuando adoptaron palabras griegas que contenían la j, pusieron la más próxima; y así de la palabra griega "tejnikós", los latinos crearon la "technicus", de donde viene nuestra palabra "técnico"; pero con la j gutural profunda árabe se adoptaron dos soluciones en Europa, y las dos malas, aunque fruto de la buena educación; veamos, ya sabe el lector que, al hablar siempre salen aerosoles, partículas diminutas que ni se ven; si esto ocurre al hablar, imagínese al toser; en tal caso el peligro no es que salgan aerosoles por la boca, sino saliva propiamente dicha, con lo desagradable que esto puede ser si tienes a alguien delante y le llega la saliva; pues bien, con la dichosa j gutural profunda se puede imaginar que, si no tienes práctica, las posibilidades de ensalivar a un contertulio aumentan sustancialmente; en esta tesitura, los italianos debieron de pensar, como nosotros no tenemos la "j escupitajo", y no queremos ensalivar a nadie, pues no ponemos nada en su lugar, y evitamos este inconveniente; fruto de esta decisión es que en italiano, el nombre del profeta musulmán se escribe y se pronuncia "Maometto"; para que no se vuelva loco el lector, he de decirle que, en esta historia, la terminación de la palabra es una cuestión al margen, unas veces termina en una vocal, que puede ser la a, la e, o la o, y otras termina en consonante, que puede ser la d o la t; si ha leído las maravillosas Novelas ejemplares de Cervantes sabrá que en **un mismo libro** aparece **el mismo nombre** con varias de estas terminaciones, según el lugar al que se refiera; pues bien, los españoles antiguos debieron de pensar algo similar; como nosotros no tenemos la "j escupitajo", y no queremos ensalivar a nadie, pues ponemos una h, que, como muy bien sabía el ínclito "analfabeto" Cantinflas, es muda, no se pronuncia; "uuum", hacía él con la boca cerrada; fruto de esta decisión es que en español, el nombre del profeta musulmán se escribe y pronuncia "Mahoma"; pues bien, la cuestión es que, prescindiendo de las vocales implicadas y de la terminación, las dos soluciones, la italiana y la española, son deficientes; la italiana porque prescinde, no de un sonido, sino de un super sonido, como es la "j gutural profunda"; y la española, porque al poner la h, no arregla nada, ya que es como una letra tozuda que se resiste a dejarse pronunciar; para mí lo correcto en español habría sido poner la consonante más próxima a la "j escupitajo", que no es otra que la j de toda la vida, la elegante y danzarina j jotera de la jota, de Júpiter, o de jopeta, palabra pochola que dicen los chavales modernos; he de decir que una sola vez, lo he visto escrito correctamente, "Majoma"; y, si la memoria no me falla, fue en un sitio completamente inesperado, en un libro escrito en Hispanoamérica en época muy alejada de la de los musulmanes en España.

Si de Arabia saudí el lector pasa a Egipto; y como todo turista que se precie pregunta por la meseta de Giza, para ver las famosas pirámides de Keops, Kefren y Micerino; le dirán que el nombre correcto de esa meseta, es Guiza (en realidad los egipcios dicen Yida); y que los nombres de los faraones que le había dicho son los nombres helenizados, pues sus nombres egipcios eran

Jufu, Jafra, y Menkaure. Y, si pregunta por donde está la máscara funeraria del faraón Tutankamon; le dirán que no hay tal faraón, que allí hubo uno llamado Tut anj amón, Tut alma de Amón (el dios), que unido da Tutanjamón, pero que, a pesar de las apariencias, no es comestible.

Y ya que lo tiene al lado, el lector puede atreverse a adentrarse en el desierto más grande del mundo. Antiguamente, este desierto se escribía Sahara y se leía, como debía ser, Sahara. Pero, con el tiempo, las cosas se pusieron en su sitio, y la gente empezó a decir (correctamente) Sájara, pero siguió con la costumbre de escribir Sahara, incurriendo en contradicción: ya sabe el lector. Sin duda, a pesar del tiempo, lo correcto es escribir Sájara y leer Sájara, que es como lo dicen los sajarauis. Lo dicho del Sahara, vale para el Sahel, que debería escribirse tal y como se pronuncia, Sajel.

Terminemos con dos anécdotas relacionadas con la h. En una conferencia sobre historia, el conferenciante puso una diapositiva dividida en dos partes, en cada una de las cuales aparecía el nombre de una ciudad extranjera, escritos ambos con h: pero una la pronunció a lo Cantinflas, muda; y otra como j. Entonces pensé, si un niño que estuviera aprendiendo las letras, lo hubiese visto tendría que llegar a la correcta conclusión de que el conferenciante estaba borracho o era muy torpe.

El nombre inca de su imperio es Tahuantinsuyo, compuesto de tahua (cuatro) y suyo (región). Pues bien, en no recuerdo qué libro, leí (dicho por un extranjero colonialista lingüístico) que en quechua se decía Ta**wan**tinsuyu. Y tan pancho.

Capítulo X

Acrónimo, plural, y signo pisoteados

ÍNDICE:

1. **Introducción**
2. **Acrónimo despreciado**
3. **Plural burlado**
4. **Signo pisoteado**

1. INTRODUCCIÓN

Para rematar la faena, veamos seguidamente lo que queda por pisotear: los acrónimos, el plural de las palabras o de los acrónimos, y algunos signos.

2. ACRÓNIMO DESPRECIADO

De acuerdo con la RAE dos son los tipos de acrónimos: «De acro- y ónimo.

1. m. Sigla cuya configuración permite su pronunciación como una palabra; p. ej., ovni: *objeto volador no identificado;* TIC, *tecnologías de la información y la comunicación.*

2. m. Vocablo formado por la unión de elementos de dos o más palabras, constituido por el principio de la primera y el final de la última, p. ej., ofi(cina infor) mática, o, …*».*

Veamos algún ejemplo de lo que, de un tiempo a esta parte, ha sucedido con ambos tipos de acrónimos.

— **Acrónimos-sigla.**

Si las palabras van en singular, se toma la primera letra de cada palabra; pero si van en plural, se pueden duplicar, o no, las letras. Ejemplo del primer caso, es CC.OO (las siglas del sindicato Comisiones Obreras: eran otros tiempos políticos, y lingüísticos). Ejemplos del segundo caso son ONU (Organización de las Naciones Unidad), ONG (Organización No Gubernamental), OVNI (Objeto Volante No Identificado), VAN (Valor Actual Neto), VER (Valor En Riesgo), MGI (Modelo General de Incentivos), MFA (Microscopio de fuerzas Atómicas), SPG (Sistema de Posicionamiento Global).

Obviamente, mientras no hace mucho, los hispanohablantes se atrevían a formar los acrónimos en su propia lengua; modernamente, los posmodernistas, amantes de la innovación lingüística, sustituyen sus acrónimos por otros ajenos a nuestra lengua; VAN se ha sustituido por NPV (Net Value Present), VER por VAR (Value At Risk), MGI por GMI (General Incentive Model), MFA por AFM (Atomic Force Microscope), SPG por GPS (Global Positioning System): la lista sería interminable **¡Viva la progresiva y progresista (¿) innovación!**

Un hecho muy curioso es que es que mientras que la palabra OVNI no ha permitido que se cuele la ajena UFO (Unidentified Flying Object), nuestros innovadores lingüísticos no se atreven a decir OVNILOGÍA, y dicen, muy ufanos, una extraña mezcla de inglés y español: UFOLOGÍA.

¿Quién puede negar la genialidad de estos innovadores?

Sigamos progresando, pero ahora con un acrónimo muy simple. Muchas veces, nos encontramos en la parte trasera de un coche, una letra "L" grande. No significa que el conductor sea un "L"elo; sino que es un novato, o dicho de otra manera, que, aunque está autorizado a conducir, todavía es un novato en esas lides, vamos que es un aprendiz. Entonces, ¿por qué no ponen una "A" de "A"prendiz. Si justo eso es lo que ponen, pero en raro, la "L" de "L"earner". **¡es lo que trae la sumisión!**

Hay otros acrónimos que los posmodernos ni siquiera se atreven a ponerlos en español. No dicen ONUCEC (Organización de las Naciones Unidad para la Cultura, la Educación y la Ciencia), sino lo mismo pero en raro, que diría Gila, UNESCO (United Nations Educational, Scientific and Cultural Organization), no dicen FIENUI (Fondo Internacional de Emergencia de las Naciones Unidas para la Infancia), sino UNICEF (United Nations International Children's Emergency Fund): obsérvese el hecho relevante de que en vez de llevar el nombre de una Institución como dios manda, la han convertido en un simple Fondo Internacional de Emergencia (aunque la emergencia sea **permanente y creciente**).

Vamos con dos acrónimos científicos. Vamos con el primero. En el año 1.993, Francisco José Martínez Mojica, de la Universidad de Alicante, descubrió en el ADN de las arqueas (microorganismos procariotas) una repetición de secuencias que le resultó inexplicable y sospechosas. El año 2.001 decidió darle un nombre que en palabras suyas debía ser *«original, único y no coincidir con ningún otro término utilizado en el ámbito científico»,* como lo publicó en inglés en una revista extranjera, le dio el nombre de Clustered Regularly Interspaced Short Palindromic Repeats, cuyo acrónimo inglés es CRISPR, conocida popularmente como **Corta-pega,** o **Tijeras genéticas.** Esto hizo posible la manipulación genética (cortar y pegar genes a voluntad: alterando lo escrito en el ADN, y, por tanto, la forma de vida; posibilitando, así, la cura de miles de enfermedades genéticas). En 2.002, Ruud Jansen divulgó el nombre de esta técnica dado por Martínez Mojica. A partir de 2.012 (como dice el genetista del CSIC, Lluis Montoliu, después de que Martínez Mojica ***«comunicara al mundo»*** ese descubrimiento) las investigadoras Charpentier y Doudna aplicaron esas tijeras genéticas (que, en palabras de Doudna: pasó ***«de ser una técnica revolucionaria algo esotérica a convertirse en una palabra de*** *andar por casa»*) y publicaron sus resultados; razón por la cual, les concedieron el Premio Nobel, olvidándose del padre de la criatura, el que realizó esta revolución genética: como (con decepción y enfado) criticó Lluis Montoliu.

Reclamada la paternidad del descubrimiento, creemos el acrónimo español de tan genial obra: Secuencias RPCARI [el acrónimo de Repeticiones Palindrómicas Cortas Agrupadas Regularmente intercaladas (Interespaciadas): origen de la conocida técnica homónima RPCARI.

Con la pandemia del covid 19, se puso de moda el acrónimo SARS-COV-19 (de Severe Acute Respiratory Syndrome Coronavirus 19). Nos dicen que significa Síndrome de Respiración Aguda Severa, o Síndrome de Dificultad Respiratoria Aguda. Pero esto es emplear el lenguaje indicativo, porque lo Agudo no es el Síndrome *(Conjunto de síntomas característicos de una enfermedad o un estado determinado),* sino la Respiración (o la Dificultad Respiratoria). De esta manera, el acrónimo correcto (en español, claro está es SRAS (Síndrome de Respiración Aguda Severa) o SDRA (Síndrome Dificultad Respiratoria Aguda). Claro que, nos podrían decir lo de Forges: *«Jó, es que tú eres pelín provoca».*

– **Acrónimos-vocablo.**

Tan solo les voy a contar dos; del primero soy el padre, y del segundo el padre y la madre. Del primero, la madre es una joven que, al ir a una tienda a comprar eso que los innovadores llaman pendrive (y leen pendrai: que le mola más), señalándolos dijo, *«dame un pincho de esos».* La miré, y me dejó asombrado la naturalidad con que dijo algo tan sensato, tan de sentido común. Teniendo en cuenta que ese pincho sirve para contener información **digital;** culminé la obra, con un acrónimo (de maternidad desconocida) que espero que algún día la RAE me reconozca la paternidad: PINTAL, de PIN(cho) (digi)TAL.

Animado por mi propia creatividad, otro día me lancé, como torrente impetuoso. Veamos. Modernamente se pueden ver toda clase de eventos (conciertos, conferencias, etc.) por la técnica que llaman streaming (torrente, corriente). El nombre me llamó la atención, y traté de enterarme a qué se debía. Y resultó que esa técnica es una forma especial de enviar los datos informáticos: paquetes de datos fragmentados. En cuanto me enteré, me salió espontáneamente un acrónimo de lenguaje significativo: PADAFRA, de PA(quete) de DA(tos) Fra(gmentados). En relación con esta técnica, hay que decir que algo similar usa la naturaleza. En efecto, el sistema nervioso autónomo (la parte del sistema nervioso periférico que controla las funciones involuntarias de las vísceras) se subdivide en dos: el simpático y el parasimpático.Y resulta que el simpático regula el suministro de materiales mediante descargas discretas, mientras que el parasimpático lo hace en masa).

3. PLURAL BURLADO

Durante siglos, el plural nunca había planteado problemas; pero ay amigos, llegaron los posmodernos, y se aturullaron tanto que han terminado por burlarse del plural, por dos procedimientos curiosos: omisión, y cursilería.

— **Burlado por omisión.**

Que a una película los gringos le den un premio Oscar, o, simplemente, un Oscar, no plantea ningún problema; este aparece cuando se habla en plural. En efecto, causa auténtico asombro ver que la mayoría los hispanohablantes **no se atreven a decir el plural de una palabra (Oscar):** diciendo, por ejemplo, en la ceremonia de **los Orcar.** Dejo una pregunta en el aíre: **¿por qué?**

— **Burlado por cursilería.**

Desde que Pelayo jugaba a los bolindres (o quizás antes), se sabe que los acrónimos no llevan plural (salvo que estén lexicalizados: como los ovnis, las pymes, etc.). Dado que los posmodernos no se enteran ni del qué, porque viven ensimismados en su mundo vacío; hace tiempo que se han puesto a poner plurales a los acrónimos, pero de aquella manera; o dicho más claramente, de una manera cursi a más no poder. En vez de decir, por ejemplo, las ONG, dicen las ONGs.

Claro que hay casos peores. Como logotipo para representarlo, el partido político Ciudadanos pudo haber elegido CC (al ser Ciudadanos un plural), no lo hicieron porque esas siglas ya estaban registradas; también pudo haber puesto una simple C, pero les debió de parecer demasiado simple; le dieron vueltas al asunto, y lo dejaron, pásmese el lector, en C's. Al cabo de bastante tiempo, alguien debió de decirles que eso es el genitivo sajón, que nada tiene que ver con nuestra lengua. Pero solo consiguieron quitar media cursilería: el apóstrofo, y lo dejaron en Cs: y ¡tan panchos, oiga!

4. SIGNO PISOTEADO

Al indicar con signos matemáticos los números decimales, en español siempre se ponía una coma arriba, por ejemplo, 34'37 (leído treinta y cuatro **coma** treinta y siete: mi frutero siempre los puso así) Pues no; llegaron los posmodernos y nos lo cambiaron todo, primero, como introducción, pusieron la coma abajo, 34,37 (leído igual que antes); y, después, consolidado el avance colonizador, sustituyeron la coma por el punto, 34.37 (leído treinta y cuatro **punto** treinta y siete). **¿En qué nos ha beneficiado?** En nada. Entonces **¿por qué se ha hecho?** Por sumisión al gringo, **y punto.**

SEGUNDA PARTE

Causas de la pandemia lingüística

Capítulo XI

La oclocracia lingüística imperante

ÍNDICE:

1. Introducción
2. La oclocracia ha venido
3. Componentes de la oclocracia lingüística
4. Logos de la oclocracia lingüística

1. INTRODUCCIÓN

Hemos visto que pisotear nuestro idioma se ha convertido en un **espectáculo diario.** La cuestión que surge es esta: ¿a dónde nos han llevado tras tantas batallas lingüísticas perdidas? La respuesta es muy simple: a **la oclocracia lingüística.** Esto nos lleva exponer, en primer lugar, qué es la oclocracia, y, en segundo lugar, el contenido y logros de la oclocracia lingüística.

2. LA OCLOCRACIA HA VENIDO

En mi libro *La sabiduría al desnuco. VII Y la sabiduría* se dice lo siguiente: «Y esto no es más que el resultado de **la aplicación** del

---

IMPERANTE Y MONSTRUOSO CUADRUPLE FRAUDE:
LOS IGNORANTES
(al ser una amplia mayoría),
EXIGEN
(creen que para eso se inventó la democracia)
RESPETO COGNITIVO (¿) A SUS RÍDICULAS OPINIONES
(¡adiós a la Lógica y a la Unidad de Encaje!),
RESPETO ÉTICO (¿) A SUS VILES ACCIONES
(¡adiós a las Fronteras Éticas!),
RESPETO SEMÁNTICO (¿) A SUS TORPES CONCEPTOS
(¡adiós a la Semántica!), Y
RESPETO SINTÁCTICO (¿) A SUS ARBITRARIAS EXPRESIONES
(¡adiós a la Sintaxis!).

O LO QUE ES LO MISMO:
NOS QUIEREN LLEVAR A LA OCLOCRACIA
(ahora que cuentan con una maravillosa herramienta técnica
reconvertida en poderosa arma de destrucción masiva:
LAS REDES SOCIALES)

Lo dicho:

¡POBRE HUMANIDAD!

Años después de escritas estas palabras, apareció una viñeta de Andrés Rábago (El Roto) en la que se ve a un varón sentado, leyendo un libro, que dice: *"EN FILOSOFÍA HEMOS SUSTITUIDO LOS TRATA-DOS DE LÓGICA POR LOS DE LOGÍSTICA"*. Y, como para colmo, los **oclócratas (inmersos en su ignorancia metastásica)** se creen capaces de dirigir al resto de la muchachada, meses después de la anterior, apareció otra viñeta del mismo autor, en la que aparece un individuo, con traje y corbata, orejas de burro, y un megáfono en la mano, acompañada del siguiente texto: *"EL POPULISMO CONSISTE EN CONVENCER A LA BASCA DE QUE SON LAS ÉLITES"*. **¡Y se lo creen, oiga!** Y como esa basca oclócrata ha tomado conciencia del **inmenso número** de sus votos, **exigen respeto oclocrático a sus opiniones;** razón por la cual **los políticos populistas (demagogos: de derechas y de izquierdas)** le siguen la corriente, para no perder una gran cantidad de votos. Lo triste es que esto no es más que la potenciación del **mecanismo de la oclocracia** inventado por Isócrartes en su discurso *Nicocles*: *"**Quienes desean seducir** el alma de sus oyentes **deben evitar reprender y aconsejar, y,** en cambio, **han de decir lo que,** a su juicio, **más agrade a la multitud"**».

Este apartado se llamaba "La oclocracia ha llegado"; pero, al llegar aquí, le cambié el nombre, al acordarme de Antonio Machado:

> *La primavera ha venido,*
> *nadie sabe cómo ha sido.*

Dentro de la oclocracia, veamos la que ahora nos interesa, la oclocracia lingüística.

3. COMPONENTES DE LA OCLOCRACIA LINGÜÍSTICA

Veamos seguidamente: quienes, por qué, y para qué pisotean nuestro idioma.

– ¿Quiénes pisotean el idioma?

Tres son los tipos de personas que pisotean nuestro idioma: de conducta arraigada, de conducta inducida, y de conducta rutinaria.

- **De conducta arraigada.**

La del mundo intelectual universitario (científicos, técnicos, y artistas): conscientes del **añadido poder discriminatorio de su jerga** (por provenir de un mundo **inaccesible** al común de los mortales).

- **De conducta inducida.**

La de los adoctrinados por los anteriores: conscientes del **prestigio social de su jerga.**

- **De conducta rutinaria.**

El pueblo llano: consciente de **estar al día, a la moda.**

- **¿Por qué lo pisotean?**
- **Los de la conducta arraigada.**

Miedo a enfrentarse al poder intelectual establecido.

- **Los de la conducta inducida.**

Miedo a perder el prestigio social que da hablar en raro.

- **Los de la conducta rutinaria.**

Miedo a ser menos que los demás.

- **¿Para qué lo pisotean?**
- **Los de la conducta arraigada.**

Afán de mantenerse el poder intelectual.

- **Los de la conducta inducida.**

Afán de mantener el prestigio social.

- **Los de la conducta rutinaria:**

Afán de no apartarse de los demás.

Esta clasificación no es arbitraria, tiene fundamento empírico, como muestro seguidamente, con un ejemplo correspondiente a cada tipo de conducta.

Empecemos con la conducta arraigada: la más añeja. Dice José Luis Cea García (las negritas son mías), en 1.990, en su libro *Los contratos de permuta financiera (swaps). Gestión financiera y análisis contable*: «... *los contratos de permuta financiera, conocidos* **universalmente** *bajo su denominación inglesa de SWAPS (es* **inevitable** *esta* **colonización lingüística** *en el mundo de los negocios)*». Veamos.

De entrada, induce al error, al practicar el lenguaje indicativo en lugar del significativo. Es cierto que en el mundo financiero se llama (lenguaje indicativo) swaps a las permutas financieras; pero es falso que swaps signifique permuta financiera (significa permuta, a secas). Decía más arriba el porqué de la conducta de estas personas: «Miedo a enfrentarse al poder intelectual establecido». ¿Cómo se manifiesta ese miedo? En la **cobardía** de **excusarse** en el hecho de que esta práctica es **universal** (y, claro, no va él a **enfrentarse al mundo entero**). Consecuencia de esta cobardía es la **aceptación,** nada menos que, no de un hecho aislado, sino de algo **a perpetuidad: la colonización lingüística.**

Es muy fácil desmontar esta afirmación, con tres palabras relativas a tres contratos de derivados financieros: opción, futuro, y permuta. ¿Por qué los financieros españoles emplean la palabra **opción,** y no necesitan dejarse colonizar por la inglesa de **option**? Por una sencilla razón, se parecen tanto que hasta los cobardes se sienten intimidados, por lo **ridículo** del cambio. ¿Por qué los financieros españoles emplean la palabra **futuro,** y no necesitan dejarse colonizar por la inglesa que se lee **fiutcha**? Porque, aunque leído es muy diferente, escrito es muy similar, **future;** y, entonces, los cobardes se sienten intimidados, por **lo ridículo** del cambio. Pero, ay amigo, cuando ni leído **(suap),** ni escrito **(swap)** se parece al término español **(permuta):**

> ENTONCES, Y SOLO ENTONCES,
> DE REPENTE, MILAGROSAMENTE,
> APARECE LA NECESIDAD DE SUSTITUIR LA PALABRA, Y,
> YA DE PASO, TODAS A LAS QUE LES PASE LO MISMO:
> PONIENDO EN MARCHA LA COLONIZACIÓN LINGÜÍSTICA;
> Y LO QUE ES PEOR (ALGO EN LO QUE NUNCA PIENSAN)
> LA COLONIZACIÓN ECONÓMICA

Veamos lo ridículo del argumento criticado. Imaginemos a dos ciudadanos leoneses, uno de Palencia y otro de Valladolid, **hablando, en español,** de contratos de permutas financieras (aunque empleando la palabra swap), con un gringo, al lado, que no sabe español. Si le preguntásemos al gringo que qué opinaba de la conversación, diría que no había entendido nada, aunque le pareció oír la palabra swap:

> ¿DE QUÉ SIRVE, ENTONCES, LA SUSTITUCIÓN LÉXICA?
> DE NADA, ABSOLUTAMENTE DE NADA:
> ES PURO Y PEDANTE CRETINISMO, DE DÉBILES MENTALES

Vayamos ahora con la conducta inducida. De toda la vida ha habido personas (científicos, muchas veces) que viendo la necesidad de que el común de los mortales se interese por cuestiones más elevadas que le son de sumo interés (filosofía, ciencia, técnica, arte, y ética), han tratado de **influir (objetivo)** en ellos por medio de la **divulgación (medio)** de esos tipos de conocimientos. **Benditos sean.** Pero claro, llegó la posmodernidad, y todo cambió. Ya hemos visto que quien preside es el, o la, presidente; quien estudia es el, o la, estudiante; etc. Pues bien, quien influye es el, o la, **influyente.** Claro que, una vez aparecida la extraordinaria herramienta de la Red, hizo su aparición **el intrusismo,** y con él, **personas que no tienen conocimientos que** divulgar, **ni capacidad para** influir; pero que, desgraciadamente, divulgan y, lo que es peor, influyen; es decir, hicieron su aparición los **pseudo divulgadores,** pero que, **desgraciadamente,** son **influyentes efectivos.**

Como estos intrusos son muy innovadores, se hacen llamar, no **influyente, o divulgador(a),** sino influencer; y, para colmo, el plural también lo escriben, y lo pronuncian, igual, influencer (¡plurales a mí!). Para evitar el palabro de marras, propongo los términos **Divulgador(a), Influyente,** y para los que operan en la Red, **Reddivulgador(a), Rednfluyente,** aunque la mayoría sean pseudodivulgadores.

Pues bien, decirle a estos pseudo divulgadores que no maltraten la lengua es como nombrarles a la bicha; se resisten como gato panza arriba (y hasta se enfadan). ¿por qué cabe decir?, por una sencilla razón, porque si así lo hicieran

> # PERDERÍAN TODO EL PRESTIGIO SOCIAL
> ## QUE LES DA HABLAR EN RARO

Terminemos con la conducta rutinaria. A estas personas, las cuestiones lingüísticas no les interesa lo más mínimo: ellas solo quieren vegetar cómodamente como el común de los mortales. Hablando con un amigo de este punto, me dijo que me iba a enviar algo que me vendría como anillo al dedo para el libro. Y acertó plenamente. Helo aquí:

ly Dickinson
& Gª
"Let the beauty of what you ... love be what you do." -Rumi
be who you are.

NUEVOS ANALFABETOS
Jesús Quintero "El loco de la colina"

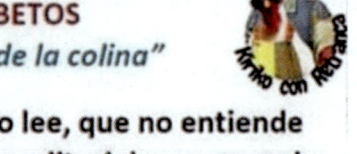

«Siempre hubo analfabetos, pero la incultura y la ignorancia se vivían como vergüenza; nunca hasta ahora hubo gente que se jactara de no tener estudios o no haber leído nunca un puto libro.

Los analfabetos de hoy son los peores porque en la mayoría de los casos han tenido acceso a la educación, saben leer y escribir, manejan la tecnología pero no ejercen; cada día son más

y cada día el mercado los cuida más y piensa más en ellos. La televisión se hace a su medida, las parrillas compiten entre sí para ofrecer programas pensados para gente que

no lee, que no entiende un editorial, que pasa de la cultura y solo quiere que la diviertan o que la distraigan, aunque sea con los crímenes más horrendos o con los más sucios trapos de portera.

El mundo entero se está creando a la medida de esta nueva mayoría. Son socialmente la nueva clase dominante, aunque, siempre serán la clase dominada, precisamente por su analfabetismo elegido y su incultura.

Y así nos va a la minoría que no nos conformamos con eso, a los que aspiramos a un poquito más de solidez, de silencio, de pensamiento o de arte».

nism is the new.
"-Henri Matisse
friends are my estate." -Emily Dickinson
be who you

4. LOGOS DE LA OCLOCRACIA LINGÜÍSTICA

Dos son los logros de los oclócratas lingüísticos, relativos a lo personal, y a lo operativo.

– **Logro relativo a lo personal.**

IDIOTIZAR A:

- **LOS COBARDES DE CONDUCTA ARRRAIGADA,**
- **LOS ACOMPLEJADOS DE CONDUCTA INDUCIDA, Y**
- **LOS IGNORANTES DE CONDUCTA RUTINARIA.**

– **Logro relativo a lo operativo.**

PROSTITUIR NUESTRA LENGUA:

**DIFICULTANDO LA COMUNICACIÓN Y
EL ENTENDIMIENTO ENTRE SUS HABLANTES**

TERCERA PARTE

Remedio de la pandemia lingüística

Capítulo XII

La vacuna lingüística

1. Introducción

Conocidas las causas de la enfermedad, cabe preguntarse: ¿cómo se arregla este desaguisado lingüístico? Aquí hay que distinguir dos casos: enfermedad individual, y enfermedad generalizada.

2. Enfermedad lingüística individual

Se suele decir que el remedio de la enfermedad lingüística no es otro que **la lectura.** A estos efectos hay que hacer tres observaciones:

– **La lectura siempre es beneficiosa.**

No se conoce ningún caso de que la lectura haya sido perjudicial.

– **Adquirir el hábito de la lectura es posible.**

Salvo excepciones, la lectura se puede convertir en un hábito si se inicia de niño.

– **Adquirir el hábito de la lectura no está garantizado.**

Muchos lectores infantiles y juveniles se han echado a perder cuando llegó la juventud (por el sexo, y la droga), o la madurez (por el trabajo).

Veamos **los efectos de la lectura** en la famosa escultura japonesa (de autor desconocido) que muestra la titánica y desigual lucha entre el libro y el móvil:

Sin duda, es una escultura genial, extraordinariamente eficiente: muestra claramente que lo beneficioso (los libros) puede vencer a lo perjudicial (el móvil: cuando se abusa de él). Pero quien se deje convencer por ella, pecará de optimismo. Veamos porque nuestro problema es otro.

3. PANDEMIA LINGÜÍSTICA

Es evidente que no es lo mismo una oveja que un rebaño. No es lo mismo el caso aislado de una enfermedad que una pandemia. Con esta la cuestión cambia por completo. Ahora tiene mucha importancia conocer **dónde** se desarrolla la enfermedad. Y aquí está el problema, porque en la época posmoderna en que vivimos, hay un **entorno dominante,** compuesto por **dos instrumentos poderosísimos,** que dificultan enormemente cualquier tratamiento de la pandemia lingüística: **la Red y el móvil,** que, para colmo, **ahora están vinculados.**

Quien se deje convencer por la escultura japonesa, pecará de optimismo. La razón es bien simple: lo que muestra la escultura solo es válida para casos aislados. Mientras que nosotros nos enfrentamos a una pandemia, donde la lectura de algunos sirve solo a esos pocos: es, por tanto, **un remedio insuficiente.**

Ahora, en la época de la posmodernidad, acorde con las consecuencias desfavorables de la Red y el móvil, los premios docentes tienen otro cariz, tal y como se ve en lo que dice Puebla en la siguiente viñeta:

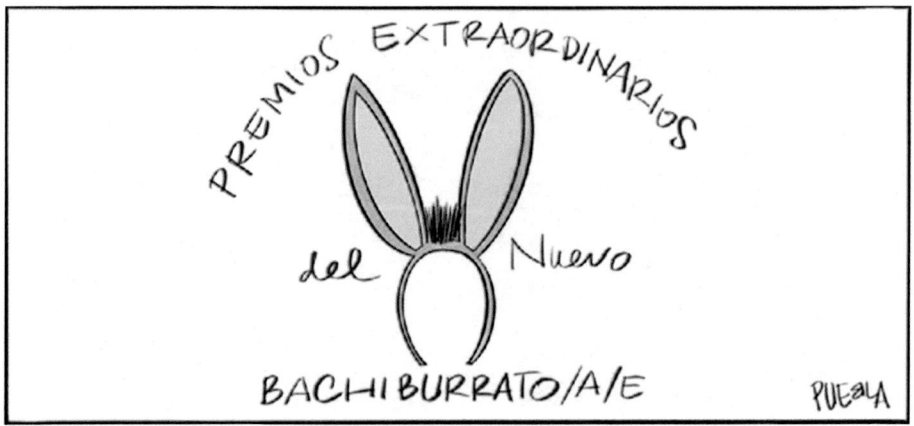

Los nuevos premios extraordinarios de Bach…

Los efectos de este entorno dominante se ven enseguida, tal y como se muestra en la siguiente viñeta de Flabita Banana **(aplicable a la mayoría de los adolescentes):**

Obviamente, al cabo del tiempo, esta adolescente formará parte de ese **rebaño humano** que todo lo domina (pues tiene la sartén por el mango), y al que, como antes decía Jesús Quinteros, se ajusta la televisión, el mercado, etc. **Cuando sea mayor** esta adolescente, como sus colegas, seguirán enganchados al móvil. Y lo estarán para los restos, estén donde estén, como muestra Flabita Banana en una viñeta, el mismo día que registré este libro (razón por la cual, la tuve que añadir a posteriori):

y es que, en el fondo, la mayoría aborrecerá los libros (y no digamos esa pesada corrección idiomática), y, para no leerlos, pondrá cualquier estúpida excusa, tal y como muestra El Roto en la siguiente viñeta:

Y entonces, cuando la pandemia lingüística sea todo un éxito (falta muy poco), sucederá lo que dice El Roto en la siguiente viñeta:

EL SABER ES PODER, DECÍAN, PERO GOBERNABA LA IGNORANCIA.

Decidí escribir este libro, para poner mi granito de arena, en un deses-perado intento por **tratar de evitar** la **catástrofe lingüística** que se nos viene encima; en resumidas cuentas, para hacer lo que dice El Roto en la siguiente viñeta:

4. LA VACUNA CONTRA EL VIRUS LINGÜÍSTICO

Dado que la muchachada se resiste a abandonar su maligno hábito de no lectura, y el maligno hábito de pisotear nuestro idioma, la cuestión es la siguiente: ¿hay alguna manera de combatir esta pandemia lingüística? La respuesta es sí: hay una vacuna, que tiene **dos pasos imprescindibles y efectivos:** uno conceptual, y oro operativo.

– **Paso conceptual.**

Para evitar malentendidos, les contaré un hecho personal. Una vez me preguntaron que ¿cuál sería para mí el cargo por el que me sentiría más orgulloso desempeñar? La respuesta y la explicación fueron fulminantes (algo inalcanzable para mi, por falta de preparación): Académico de la lengua; ya que de esa manera me ocuparía de la conservación y mejora del instrumento de comunicación y entendimiento entre las personas (la repera). De esta manera, queda clara mi profunda veneración por los académicos de la lengua.

Ahora puedo decir algo que he leído varias veces a académicos de la RAE, incluso a varios directores de la RAE, decir que *«los dueños del idioma son sus hablantes».* Pues bien, esta afirmación, no es que sea un error, sino algo mucho peor; y, al hacerla, los académicos (mis venerados académicos) se comportan como lo que Ortega y Gasset llamaba *«bárbaros especialistas* **[en lengua]**». Veámoslos.

> **Decir que**
> **LOS HABLANTES SON LOS DUEÑOS DEL IDIOMA**
> **es una monstruosidad conceptual equivalente a decir que**
> **LOS CONDUCTORES SON LOS DUEÑOS DE LA CARRETERA**

No, señores académicos:

> **LOS HABLANTES SON LOS USUARIOS DEL IDIOMA,**
> **como los**
> **LOS CONDUCTORES SON LOS USUARIOS DE LA CARRETERA**

Pero no debemos olvidarnos de que

> **LOS CONDUCTORES HAN DE**
> **RESPETAR LAS NORMAS DE CIRCULACIÓN**
> **y**
> **LOS HABLANTES HAN DE RESPETAR**
> **LAS NORMAS LINGÜÍSTICAS DE LA RAE**

Y esto por algo muy simple:

> **EL DUEÑO DE LA LENGUA ESPAÑOLA ES
> LA ASOCIACIÓN DE ACADEMIAS DE
> LA LENGUA ESPAÑOLA**

Y es que si no se respetan las normas de circulación y las normas lingüísticas:

> **LA CIRCULACIÓN EN LA CARRETERA, Y
> LA COMUNICACIÓN ENTRE LOS HABLANTES
> SE IRÍAN AL CARAJO**
> **(¿se entiende, no? o ¿está mal dicho?)**

No, señores académicos:

> **AVIADOS IRÍAMOS SI LAS NORMAS DE CIRCULACIÓN
> TUVIERAN QUE ADAPTARSE A
> LAS BARBARIDADES QUE HACEN LOS CONDUCTORES**

Y de la misma manera:

> **AVIADOS IRÍAMOS SI LAS NORMAS DE LA RAE
> TUVIERAN QUE ADAPTARSE A
> LAS BARBARIDADES QUE NOS QUIEREN IMPONER LAS
> MIEMBRAS, PORTAVOZAS, CALVAS, ETC.**

Fundamentemos estas afirmaciones. Hace miles de años, los griegos nos enseñaron a distinguir entre **episteme (conocimiento)** y **doxa (opinión)**. Veamos la relación de la democracia con estos dos conceptos.

Antes veíamos como los ignorantes quieren imponer su ignorancia para llevarnos a la oclocracia, basándose en que son mayoría. Pero no: esta monstruosidad conceptual no debe imponerse. A estos efectos, en mi libro *La sabiduría al desnudo. IV. Los fundamentos* se dice lo siguiente:

« - **Paralogismos de ambigüedad conceptual.**

Son aquellos en los que se utilizan **palabras, o frases,** que provocan una **falta de correspondencia** entre los **conceptos** utilizados y **las proposiciones** con ellos formuladas, debido a la **vaguedad conceptual.** Los **principales** paralogismos de ambigüedad conceptual son los siguientes argumentos: de equivocidad, de indebida atribución ascendente, de indebida atribución descendente, de anfibología.

• **Argumento de equivocidad.**

A este argumento se refiere la **vaguedad conceptual** al que hacíamos referencia en el prólogo general a la obra. La equivocidad de los conceptos utilizados se debe al uso de **conceptos ineficientemente definidos.** El proceder habitual, de quien comete este error, radica en **sustituir** una **compleja definición eficiente, que no entiende,** por **una simple definición ineficiente, que si entiende.** Un ejemplo perfecto es la sustitución de la definición compleja y eficiente del concepto de **verdad de una proposición** (que veremos en el siguiente capítulo, y que exige conocimientos sobre el tema: **pruebas y demostraciones**), por una definición simple pero ineficiente del mismo concepto, que no es otra que la de **número de hombres que creen que una proposición es verdadera** (que solo exige saber **contar**). Este proceder equivale a sustituir el que algo **deba ser** (necesidad lógica) de una determinada manera, por el que algo **deba de ser** (probabilidad) de esa determinada manera: es el proceder propio de los **acomplejados** (que no se atreven a pensar por cuenta propia), y de **los vagos mentales** (que se dejan **arrastrar** por **corrientes de opinión,** así como por **fobias, manías, y prejuicios);** para ellos la cuestión es simple: si 1.000 hombres creen que la proposición A es verdadera, y 3 hombres creen que es falsa, no tienen duda: **es verdad** lo que dicen las 1.000 personas, por la **sencilla (pero falsa) razón** de que 1.000 > 3. Si solo hay un hombre que, en cuestiones científicas, dice lo contrario que los demás, debería preocuparse, porque puede llegar a ser martirizado en el altar de la estupidez borreguil. Veámoslo en forma de **silogismo inválido.**

Premisa mayor (falsa): La opinión mayoritaria sobre una cuestión es la verdad sobre esa cuestión.

Premisa menor: Nuestra opinión es la mayoritaria.

Conclusión (falsa): Nuestra opinión refleja la verdad sobre esa cuestión (y punto).

Este error radica en **confundir** la **verdad** de algo con la **frecuencia de opinión** acerca de ese algo. Pero los que así piensan, ignoran que ni la **opinión** (la *doxa* de los griegos) tiene nada que ver con la **verdad**, ni la **frecuencia** de las opiniones es un **criterio de verdad.** En efecto, 2 + 2 no son 5, por más que un millón de hombres salgan a la calle a manifestarlo a voz en grito, con cánticos y pancartas. ¿Cómo va a ser falso lo que tanta gente cree? piensa (ingenua e ignorantemente) mucha gente: pues sí puede ser falso (aunque no necesariamente). Si este argumento fuera verdadero, tendríamos que terminar diciendo que **los excrementos son un alimento muy nutritivo y gustoso, porque 1000 millones de moscas no pueden equivocarse.** A los que así actúan les es de aplicación el **popular** refrán: *«¿Dónde va Vicente? donde va la gente».*

Sacándole jugo a este criterio de verdad muestra Antonio Mingote una viñeta en la que se ve a dos parlamentarios bajando por la escalera central de un hemiciclo, diciéndolo uno al otro: *"DESENGÁTE, SOLO ES MENTIRA LAS COSAS QUE NO SE CREE NADIE".*

Hemos dicho que en esta Unidad se acepta el conocimiento si hay **consenso** entre los científicos. Esto puede dar a pensar que la democracia es criterio de verdad: pero no es así:

LA DEMOCRACIA NO ES CRITERIO DE VERDAD

En las discusiones entre muchas personas es frecuente oír decir algo como esto: *«no tienes razón: no ves que tu opinión va en contra de la opinión de la mayoría».* Aquí hay que tener en cuenta **tres hechos** importantes que distinguen una situación de otra: lo que se discute, cómo se discute, y quiénes discuten.

> **EN LA UNIDAD DE ENCAJE,**
> **la discusión se refiere a PROPOSICIONES CONFIRMADAS,**
> **EN LAS DISCUSIONES ENTRE CIUDADANOS**
> **la discusión se refiere a MERAS OPINIONES**

> **EN LA UNIDAD DE ENCAJE, los científicos**
> **aportan RAZONES para ACEPTAR una proposición,**
> **EN LAS DISCUSIONES ENTRE CIUDADANOS, estos**
> **aportan VOTOS para IMPONER una opinión**

> **EN LA UNIDAD DE ENCAJE,**
> **el consenso se alcanza entre CONOCIENTES,**
> **EN LAS DISCUSIONES ENTRE CIUDADANOS,**
> **el consenso se alcanza (mayoritariamente) entre IGNORANTES**

Este último punto tiene mucha importancia, y (con el fin de acabar con las supersticiones) a él se refiere Benito Jerónimo Feijoo, en *Teatro crítico universal (Voz del Pueblo: Discurso I)*: "... porque **asentada la conclusión de que la multitud sea regla de verdad, todos los desaciertos del vulgo se veneran como inspiraciones** del Cielo. ...

... *El valor de las opiniones se ha de computar **por el peso, no por el***

***número** de las almas. **Los ignorantes, por ser muchos, no dejan de ser ignorantes.** ¿qué acierto, pues, se puede esperar de sus resoluciones? Antes es de creer que **la multitud añadirá estorbos a la verdad,** .... Siempre alcanzará más **un discreto** solo que **una gran turba de necios:** como verá mejor al Sol una águila sola que un ejército de lechuzas.*

*....... Pareciéndole que en **la ceguera del pueblo** no cabía aplaudir sino los desaciertos. ... **Algunas veces acierta,** pero es **por agena luz o por casualidad.** No me acuerdo qué sabio compara el vulgo a la Luna, a razón de su inconstancia. También tenía lugar la comparación, porque jamás resplandece con luz propia"».*

Intentaré explicarlo para que lo entiendan las soberbias ignorantes miembras, portavozas, calvas, etc. Si queremos **construir un edificio,** este ha de hacerlo obligatoriamente un arquitecto: podemos pedirle, incluso imponerle, ciertos aspectos estéticos, o de distribución; pero jamás de los jamases podremos imponerles **las reglas constructivas.** Si en vez de un edificio queremos construir un barco, vale lo dicho, sin más que cambiar arquitecto por ingeniero naval. De igual manera, si queremos operarnos del riñón, lo más que podemos pedirle al cirujano es que el gorro que se ponga en la sala de operaciones, lleve el escudo de nuestro equipo favorito, pero jamás de los jamases podremos imponerles **las reglas quirúrgicas.** *«Pues eso»,* que diría Francisco Umbral.

Como es posible que sigan sin entenderlo, o sin querer doblegar su voluntad, teniendo en cuenta que a las ignorantes soberbias les gusta mandar más que a un tonto un lápiz (por eso su máxima aspiración en la vida es la que el personaje *El rubio* le pide a su patrón, en *La malquerida,* de Jacinto Benavente: *«Mando, mucho mando»);* les diré lo siguiente:

APARTAD VUESTRAS IGNORANTES MANOS DEL IDIOMA,
que ahí
SOLO MANDA
LA ASOCIACIÓN DE ACADEMIAS DE LENGUA ESPAÑOLA

Culminemos este paso conceptual, exponiendo los dos tipos de relaciones entre la RAE y los Usuarios de la Lengua: normas dictadas y creaciones aportadas.

- **Normas dictadas.**

LA RAE DICTA NORMAS LINGÜÍSTICAS
que
LOS USUARIOS DEBEMOS RESPETAR

• **Creaciones aportadas.**

> **LA RAE RECOGE**
> **(si lo considera aceptable)**
> **LAS INNOVACIONES LINGÜÍSTICAS**
> **CREADAS POR TODO TIPO DE USUARIO**
> **(LINGUÍSTAS, ESCRITORES, Y PUEBLO LLANO):**
> **A LO LARGO DE LA HISTORIA HAN SIDO TANTAS Y TAN**
> **MARAVILLOSAS QUE ASOMBRAN**

– **Paso operativo.**
Todo lo dicho está muy bien, pero

> **DE NADA SIRVE LO QUE DIGA LA RAE,**
> **SI LOS USUARIOS NO LO ENTIENDEN O NO LO RESPETAN**

La cuestión, entonces, es cómo conseguir que se respeten las normas de la RAE, que no se prostituya nuestra lengua, y, en consecuencia, las personas puedan comunicarse y entenderse correctamente. Hay que distinguir dos fases: estudiantes y profesionales.

• **Paso operativo con los estudiantes.**

> **LA SOLUCIÓN ES LA VACUNA LINGÜÍSTICA:**
> **UNA SOLUCIÓN BUENA, BONITA Y BARATA,**
> **DE EFECTIVIDAD GARANTIZADA**

Falta saber cómo se consigue esa efectividad. Es muy fácil. **¿Cuál es el sueño de todo estudiante?** Conocer, con tiempo suficiente, las preguntas del examen. Pues bien, hagamos que se cumpla su deseo, por medio de **una vacuna: un examen peculiar.** Veámosla.

CARACTERÍSTICAS DE LA VACUNA LINGÜÍSTICA:

- **SU CONTENIDO LO FIJA LA RAE.**
- **SU CONTENIDO ES CONOCIDO DE ANTEMANO.**
- **DEMOSTRAR SU DOMINIO ES UN EXAMEN-VETO.**

Los exámenes de lengua se dividirán en dos partes, una se valuará como toda la vida, de 0 a 10, y, según sea la nota de corte, el alumno pasará o no la prueba. Pero la otra, que es la vacuna lingüística, tiene las tres características indicadas.

○ **Su contenido lo fija la RAE.**

La RAE, ojo avizor, recopila los más importantes y habituales errores detectados entre los hispanohablantes: que son los que hay que desterrar.

○ **Su contenido es conocido de antemano.**

Todos los examinantes saben de antemano que le van a preguntar sobre esas cuestiones.

○ **Demostrar su dominio es un examen-veto.**

Dado que saben que se le va a preguntar sobre determinadas cuestiones, y han tenido tiempo para prepararlas a conciencia, se les exige conocer la solución del 100 % de la preguntas (no se admite ningún fallo).

Es obvio que,

HABITUADOS A LO CORRECTO, NO VOLVERÁN A COMETER ESOS ERRORES: OBJETIVO CONSEGUIDO.

- **Paso operativo con los profesionales.**

En la etapa profesional, es posible que la gente que escribe para el público (escritor, periodista) cometa errores (es humano, pues quien tiene boca, pluma o teclado, se equivoca). No pasa nada: faltaría más. Ahora bien, si a ese profesional se le avisa de sus errores, con la intención de que deje de cometer **un error en particular** (por ejemplo: si hubiese venido, hubiese comido; la hablé despacito, etc.), y pasados un **amplio número de avisos** relativos **al mismo tipo de error** (5, por ejemplo, a decidir por la RAE), y el interfecto persiste en su error, es harto evidente que, con **su recalcitrante negativa a rectificar,** está manifestando, a las claras, que **no tiene intención de respetar las normas,** que **desprecia olímpicamente las normas.** ¿Qué hacer con él? Lo mismo que con un conductor que persiste, una y otra vez, en hacer lo que le dé la gana en la carretera: retirarle la posibilidad de publicar sus escritos (obviamente en privado podrá escribir como le dé la real gana).

Cabe preguntarse: **¿está justificada esta medida? Por supuesto que sí.** Veamos. Hablando con gente que pisotea el idioma, muchas veces les he dicho, pero es que así no hay quien se entienda. La respuesta que suelen dar es igual o similar a esta: **"si, pero yo me entiendo".** A fuerza de oírla, un día me dio por pensar, de acuerdo, tú te entiendes, pero y **¿los demás?** Ah, los demás no importan (vienen a pensar, aunque no se atreven a decirlo). De esta forma volvía a lo que dijimos al principio:

> **LOS IDIOMAS SON BIENES COMUNES (no privados)**
> **DE COMUNICACIÓN (no de confusión)**

Y este tipo de respuesta es lo que me llevó a pensar que

> **QUIENES PISOTEAN, Y DESPRECIAN**
> **EL INSTRUMENTO DE COMUNICACIÓN**
> **ENTRE LOS HOMBRES,**
> **A LOS QUE REALMENTE PISOTEAN Y DESPRECIAN ES A**
> **LOS PROPIOS HOMBRES; Y**
> **SON, POR TANTO, MALAS PERSONAS.**
>
> **¡NO SE LE OLVIDE AL LECTOR!**
> **(FÍJESE BIEN, Y LO COMPROBARÁ)**